講談社文庫

したたか
総理大臣・菅義偉の野望と人生

松田賢弥

講談社

はじめに　菅総理、誕生す

騙すほうも悪いが、騙されるほうはもっと悪い。

永田町の常識である。

二〇二〇年九月一六日の首相指名選挙で、第九九代内閣総理大臣に就任した菅義偉は、誰よりもそのことを自覚していた。

安倍晋三前総理の右腕として、菅は実に二八二二日の長きにわたって官房長官の座にあり続けた。官房長官として、これまでの在任期間トップは福田康夫の一二八九日だったから、菅がいかに突出した存在だったかが分かる。言ってみれば、「不動の政権ナンバー2」。政界関係者や政治担当記者たちの間で、菅のソツのない仕事ぶりはかねてから評価されてきたが、世間的な人気が高いとは言いがたかった。

それが一変したのが、令和の新元号発表だった。「令和おじさん」と呼ばれ、若い女性から黄色い声援を浴びることになろうとは、菅自身、想定外だったろう。

この新元号発表を境に、菅は次期総理候補のひとりとして名前を挙げられるようになった。その人気ぶりを警戒した安倍との間に隙間風が吹いているという報道が出始めたのもこの頃からだ。実際、安倍は官邸官僚と呼ばれる側近の意向を重視するようになり、当初はコロナ対策でも菅が蚊帳《かや》の外に置かれることが多かった（結局のところ、アベノマスクなどの失態により、官邸官僚から菅に主導権は移ったが）。

菅はこれまで一貫して、あらゆるインタビューで「ご自身が総理・総裁を目指すつもりはないのか」と尋ねられると、「考えたこともない」と答えてきた。それは改元で一躍、時の人になったときもまったく変わらなかった。

政治家たるもの総理を目指すのは当然だが、菅に限っては、本当に総理になるという野望がないのかも知れない——。多くの国民と同様、安倍からの禅譲を狙っていた岸田文雄も、四度目の総裁選出馬となった石破茂も、あっけないほど簡単に菅に騙されたのである。

安倍が持病の潰瘍性大腸炎の再発を理由に、総理を辞任すると発表してからの菅の動きは、とても総理就任を「考えたこともない」男のそれではなかった。

安倍辞任会見の翌日には早速、自民党内最大の実力者である二階俊博を訪ね、出馬の意思を伝えるとともに支援を要請。二階派の協力を取り付けた時点で勝負は決まった。安倍の出身母体であり、最大派閥でもある細田派や、第二派閥の麻生派、竹下派ではなく、真っ先に二階に頭を下げたところに、菅がこの日のために周到な準備をしていたことがうかがえる。

二階はそれまで菅をはじめ石破や岸田とも会食をしては、その都度、彼らを持ち上げ、見かけ上は全方位外交を貫いた。だが、菅には確信があった。同じ地方議員出身で政局を読むのに長《た》けた二階は、必ず自分を推す。最初に二階さえ味方につければ流れは決まる。もちろん、二階が欲している自民党幹事長の続投を手土産にしたであろうことも想像に難くない。実際、菅の思惑どおり細田派や麻生派、竹下派、石原派などが勝ち馬に乗れとばかりに、雪崩を打って菅支持を打ち出すのを、岸田や石破は黙って見ていることしかできなかった。

動くときは一気呵成に、かつ徹底的に――。

高校卒業と同時に秋田から上京し、衆院議員秘書を経て横浜市議選に立候補したのが三八歳。衆院議員初当選は四七歳のときだ。政治の世界に足を踏み入れて四五年、ついに菅義偉は権力の頂点に立った。

「意志あれば道あり」。彼が「好きな言葉」として掲げるフレーズである。

生い立ちから、安倍政権の官房長官として「影の権力者」と呼ばれるようになるまでを、菅本人へのインタビューや地元、政界関係者への取材をもとに綴った本書を読めば、この男がいかなる「意志」を持ち、総理への「道」をしたたかに歩んできたか、自ずと明らかになるだろう。

編集部

二〇二〇年九月

したたか　総理大臣・菅義偉の野望と人生◎目次

第二章　集団就職の世代

第三章　小沢一郎と菅義偉

第四章 権力闘争の渦中で

第五章 安倍政権の中枢で

第六章 権力を体現する政治家

写真提供
時事通信社
朝日新聞社
講談社資料センター

したたか　総理大臣・菅義偉の野望と人生

第一章　血涙の歴史の落とし子

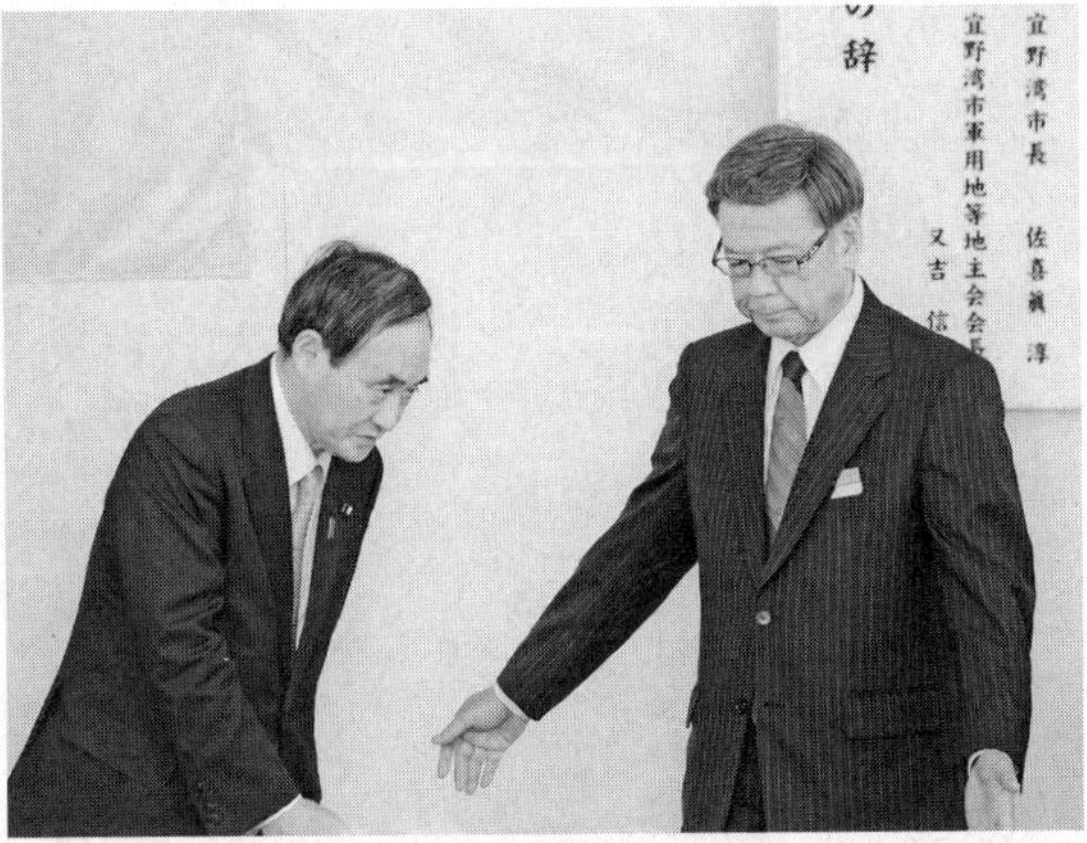

沖縄県宜野湾市の米軍西普天間住宅地区の返還式典に出席した菅義偉内閣官房長官（左）と沖縄県の翁長雄志知事（2015年４月４日、時事）

戦後の分岐点となる安全保障関連（安保）法案が混乱を極める国会で成立した、その三日後。二〇一五（平成二七）年九月二二日、安倍晋三総理は母・洋子を伴って静岡県駿東《すんとう》郡小山《おやま》町の冨士霊園を訪れ、一九六〇（昭和三五）年に安保条約改定を遂行した祖父・岸信介元総理と父・安倍晋太郎元外務大臣の墓前で、同法案の成立を報告した。八七歳の洋子は岸の長女である。

安保法案の影の主役

岸の終生の念願は憲法改正だった。しかし、それは並大抵の事業ではないことも岸は知っていた。岸が企図したのは「解釈改憲」だった。岸の言う解釈改憲こそが、今回の集団的自衛権の行使を巡る安保法案の底流にある。それは、『自由民主党党史　証言・写真編』（八七年一月）に収められた岸の言葉からもうかがえる。

「改憲には国会の三分の二を制することが前提となるが、実際問題として三分の二を占めることはきわめて困難だ。まあ、実情に照らして解釈のうえで現憲法を運用していくしかない」

この時、岸は九〇歳。八七年八月に死去する約半年前の「遺言」だった。岸から孫・晋三へと改憲の意志は受け継がれ、二人は「安保」に手をつけ、その大きな改革をやり遂げた。安保法案の成立は、岸を頂点とする一族にすれば溜飲が下がる思いだろう。安倍と洋子は、岸の見果てぬ夢をかなえようと、「次は憲法改正です」と墓前に誓ったのかもしれない。

しかし実は、安保法案を巡る自民党の主役は安倍ではない。勿論、同法案の最高責任者は安倍だが、六〇年安保を改定した岸に連なる一族を導いた影の主役がいる。内閣官房長官・菅義偉《よしひで》、六七歳、その人である。菅が傍らにいたからこそ、安倍は総理であり続けることができたと言っても過言ではない。そのことを誰よりも深く知っているのは、他ならぬ安倍本人だろう。

安倍は二〇一五年一〇月から第三次改造内閣を発足させたが、〇六年からの第一次内閣で、大臣の「政治とカネ」問題や参院選（〇七年）の惨敗、自身の体調（持病の潰瘍性《かいようせい》大腸炎）悪化などにより政権を放り投げたことはいまだ記憶に鮮明だ。

その時、憔悴《しょうすい》した安倍に再起を促し、支え続けたのは菅だった。そして安倍は一二年九月の自民党総裁選に出馬し、勝利する。

「俺は、誰も相手にせず、何もない時から安倍さんを支えた。その気持ちは今でも変わらない」

菅から時に口をついて出る言葉だ。菅だからこそ言える言葉であり、一方の安倍自身、菅が自分を支え続けてくれたことに尽きせぬ恩義を感じているという。菅がいなかったら、安倍は再び総理の椅子に座ることはできなかった。では、なぜ菅は安倍に白羽の矢を立てたのだろうか。

そこを紐解くことは菅という政治家の卓見に迫ることにもなるが、菅は早くから安倍が持つ独自の強みを見抜いていたと言うしかない。それは菅が、安倍が岸信介に連なる家系の子だということと、自民党を作ったのが岸だということの意味を知《ち》悉《しっ》していたからだ。

自民党が結成されたのは、六〇年前の一九五五年一一月だ。そこに至る保守合同を主導したのは岸だった。その功績もあって岸は自民党の初代幹事長に就任する。

そして岸は、「党の政綱」の中でこう謳《うた》った。

「平和主義、民主主義及び基本的人権尊重の原則を堅持しつつ、現行憲法の自主的改正をはかり、また占領諸法制を再検討し、国情に即してこれが改廃を行う」

つまり、憲法改正を「党是」に据えたのである。そして五年後の六〇年、総理の岸は安保改定に邁進《まいしん》していく。

岸は、自民党六〇年の礎を築いた、いわばオーナー的存在だ。その孫の安倍は岸の作った自民党の申し子だと、菅の目に映るのは自然だろう。一年も前から菅は、安保法案について「安倍政権でなければできない」と執念を滾《たぎ》らせていたが、それは岸の孫だからこそなしうる大事業と見越していたからに他ならない。

梶山静六の遺言

二〇一五年九月の総裁選で安倍は、「私は（衆参）三回、国政選挙で大勝した。それなのに代えるのか。その大義名分は何ですか、という話だ」と漏らしたという。自らの権力に対する傲然たる自信とも言えるだろう。だが、一方で菅はかなり以前から「党内で向かってくる敵がいないんだよな」と物足りなげに口にしてやまない。

菅は、自民党に権力闘争がなく凪《なぎ》のような状態であることに決して満足していないように思える。それは、菅の政治家としての原点に総裁選の権力闘争があったからだ。九八（平成一〇）年の総裁選で菅は、橋本龍太郎内閣で官房長官を務めた梶山静六を担ぎ出した。渋る梶山に対し、菅は「政治家は評論家じゃないんですから」と言って口説き、梶山は最大派閥の小渕派（旧経世会）を離脱し総裁選に身を投じた。

梶山は菅の政治の師匠だった。菅は当時当選一回ながら、梶山選対の事務局次長を担っている。梶山は「死に場所を見つけたよ」と言って総裁選に挑んだ。総裁選とは、政治家として国民のために何をしたいのか、あるべき国家の理想の姿とは何か、自らの政治信条を全身全霊を傾けて発することに鎬《しのぎ》を削る場でもあった。それはもう一面、権力闘争の場でもある。総裁選は権力の正当性を占う試金石であり、総裁選がなければ自民党は切磋琢磨《せっさたくま》するところがないのである。それを菅はこの時に身をもって知ったにちがいない。

九八年の総裁選については後で詳述したいが、投票日を翌日に控えた七月二三日、自民党本部八階ホールで立会演説会が開かれた。梶山は党改革、不良債権処理を中心とする金融の健全化などの政策課題を訴えた後、「私なりの人生観を申し上げたい」と、立候補を決断した理由を述べた。これが、今に至るも梶山という政治家を印象づける名演説としてつとに知られる。

「私はお二人（注・小渕恵三、小泉純一郎）と比べますと、年齢は正味七二歳になっております。かつて戦争中、命を懸けても悔いがないという思いで軍籍に身を投じ、敗戦を満州で迎えた人間であります。どんなことがあってもあの戦争だけは避けなければならない、これが私の根幹にあります。

そして戦後、兄貴と一緒に零細企業をやり、その後、昭和三十年に県会議員に出ながらも、私たちの社会は、国家は、今年よりは来年、来年よりは五年後、一〇年後、間違いなく活力が溢《あふ》れて、豊かで幸せな国になれるということを確信してやってまいりました。しかしこの数年、果たしてこれで良かったのかという反省が湧いてまいりました。

そして今、目の前を覆う真っ黒な雲、雷雲にも似た悲鳴と実情を見る時に、私の人生は正しかったのか、私の政治活動はこれで良かったのか。五〇年を経ますといろんな変遷がある。しかし、あまりにも坦々たる道を歩んで、その先にある崩落に気がつかなかった。

先輩・同志の皆さん、お互いに素朴な情感を抱きながら今日まで生きてきた人間であります。私が申していることは、いわば私の政治的な遺言でもあります。これから命を懸けてでも、あるいは途中で倒れるかもしれない、この私の屍を乗り越えて、皆さん方に日本の将来を築き上げてほしい」

菅は、「梶山さんは国民の食い扶持《ぶち》のために身体を張った政治家だった」と語るが、総裁選の時の「私の屍を乗り越えて」という梶山の遺言が菅の脳裏から消えることはなかったのではないか。

平和主義か憲法改正か

満州で終戦を迎えた梶山は、再び戦争を繰り返してはならないという平和主義を信念として抱き続けた。これは梶山の偽りない原点だった。

しかし、その一方で梶山は、自民党の中枢にあって安保を中心とした現実の外交・防衛問題に当たる別の顔も併せ持っていた。梶山は著書『破壊と創造　日本再興への提言』（二〇〇〇年四月）の中ではこう書いている。

「日本の有事となれば、だれしも日米安保条約第五条にしたがって、米軍が出動すると考える。ところが現実には、そのとき、自衛隊が米軍を支援する協定も法律も存在しない。周辺事態が日本有事に発展したとたんに、対米支援のための根拠がなくなるという奇妙な事態になるのである。（中略）

自分の国を自分で守ろうとしない国を、他国が守ってくれるなどありえない。『われわれには制度、法律の限界があるから、日本のために米国の若者に血を流してほしい』などと、だれがいえるだろうか。

米国も自国の国益のために日米安保体制を選択しているわけだから、日本人から見れば、ときには『これは米国のための行動だろう』と映るケースもないわけではあるまい。そのとき、われわれは日本の国益に照らして、冷静に総合的な判断を下す必要がある。

もともと日米安保において、米国は日本を守る義務があるが、日本に米国を守る義務を課せられているわけではない。この片務性に、国家間の約束の基本である双務性を与えるためには、日本よりも米国の利益のほうが大きいと思われる場面でも、国際社会の正義に反しない限り協力していく姿勢が重要だ」

梶山は、安保条約を前提に、米国は日本を守る義務があるが、日本は何もしなくてもいいのかと、日米同盟の矛盾を突く。――そこには今回の安保法案に通底する主張があり、その考えを菅は、梶山から引き継いでいたと言えるのではないか。

それを菅に確かめると、彼はボソッと私にこう言うのだった。

「梶山さんと俺のちがいはひとつあった。梶山さんは平和主義で『憲法改正』に反対だった。そこが、俺とちがう」

憲法改正を訴える安倍を総理に仰いでいるから、菅はそう言うのだろうか。菅は言葉少なに語る政治家であり、そこから本心をうかがうことはむずかしい。その真意はまだ見えてこない。

吹雪の晩、雪あかりだけを頼りに、外灯もない暗い夜道を歩く人の足跡は、右へ左へとジグザグ模様を描き、真っ直ぐには続いていない。

菅の足跡も、あの時まではそうだった。秋田の豪雪地帯にある高校を卒業し、上京してから二年、そして大学を出てからも二年、計四年のブランクの間、菅は板橋の段ボール工場や新宿の雑居ビルの飲食店での皿洗いなどに従事し、また電気設備会社に身を置いて働いていた。神奈川・横浜の小此木《おこのぎ》彦三郎《ひこさぶろう》衆院議員の秘書として仕えたのは二六歳の時である。それから一一年、秘書を務めた後に横浜市議から衆院議員に転身。官房長官として今や誰もが目にする菅であるが、その道程はほとんどの人が知らない。

政治家になった理由を尋ねると、菅は訥々《とつとつ》と語る。

「秘書になった当時、政治家になろうとか、なれるとかは思っていなかった。ただ、この世の中は、社会は、政治が動かしているんじゃないかと思った。そこに身を置いてみたいと。俺の育った所は出稼ぎの村だった。出稼ぎで家族が離ればなれになる。それが俺は嫌だった。そういう出稼ぎのある社会も結局、政治が動かしているんだと思った」

いったい、菅義偉という人間は、どこから来た何者なのか。その原動力はどこにあるのか。

政治によって今の日本をどのように動かそうとしているのか。菅という政治家の本当の姿が知りたかった。

土着の匂いのする最後の政治家

雨もようのどんよりとした薄雲空の下、田圃《たんぼ》に隣接して作られた墓園の一角に、頭を垂れ、じっと手を合わせる菅義偉の姿があった。二〇一五年六月二八日のことである。

菅の生まれ育った故郷は、秋田県雄勝郡秋ノ宮村《おがちぐんあきのみやむら》である。一九五五年、秋ノ宮村・院内町《いんないまち》・横堀町《よこぼりまち》の三町村が合併して雄勝町になり、さらに二〇〇五年、同町は湯沢市《ゆざわし》に編入されている。

墓碑は、郷里を出て行って三八歳で神奈川・横浜市会議員（一九八七年就任）になった菅が、父・和三郎《わさぶろう》、母・タツと連名で八九年に建てたものだ。二〇一〇年、九二歳で鬼籍に入った和三郎の命日（六月二八日）に、菅は朝、東京から飛行機で駆けつけて、墓碑の前に佇《たたず》んだ。

菅にとっては久しぶりの里帰りである。

「義偉が帰って来たあ」

秋ノ宮の集落の人々は、年輩になるほど誰もが菅を「よしひで」と呼び捨てで呼ぶ。権力の中枢で、官房長官として政権の采配を振る今になっても、往時を知る人々にとって菅は、地元の高校を出て、一八歳で村を飛び出して東京に行った時の痩せた義偉像のままなのである。

墓園は、菅の実家が建つ集落の裏手にあった。今でこそ二階建ての実家は白い壁をあしらった瀟洒《しょうしゃ》な造作になっているが、かつては、馬や牛を使って水田の耕作をしていた時代の、どこにでもある萱葺《かやぶき》の農家の構えだった。家の前の堰《せき》に山からの清水が今も流れていて、少年の菅はそこで顔を洗って学校に通っていたと住民は言う。

現在は統合で廃校となった秋ノ宮小学校の校舎跡は、墓園からも見渡せた。道のほとりに春は満開の桜が、秋はたわわに実る柿の木があった。中学校は二キロほど離れた山間《やまあい》の高台に建っていたが、廃校となった今は田圃の畦道《あぜみち》を踏んで通った頃の風景は跡形もない。

墓参の後、菅の里帰りに合わせて、湯沢市のホテルでささやかな激励レセプションが催された。菅は、参加者の中でも中学の同級生らとの再会をことのほか懐しみ、しきりに相好《そうごう》を崩していた。菅は、「故郷にお返ししたい。どうぞ、私を使ってください」という趣旨のスピーチをした。出稼ぎの一方で、一五歳で集団就職に出て働かざるを得ない同級生がいたあの時代に、菅は自分自身の原点を見ているような気がする。

土着の匂いがする、清濁併《せいだくあわ》せ呑《の》むタイプの政治家が今やいなくなったと言われて久しい。田中角栄がその典型であった。朝早く刈り穫った雑草や、蠅《はえ》が飛ぶ敷き藁《わら》を寝ぐらにした牛や馬と同居する農家に育った角栄の原風景は、菅の育った故郷と近似したものと思われる。村の尋常高等小学校を出て、トロッコを押す仕事で日銭を稼いでいた角栄が新潟・西山町から上京を決意した時、母は如何ほどかの金を手渡し、「人間は休養が必要である。しかし休んでから働くか、働いてから休むか二つのうち、働いてから休む方がよい。金を貸した人の名前は忘れても、借りた人の名は絶対に忘れてはならない」という言葉を託したという。角栄はその時の母の言葉を一生忘れないと記している。

私は菅を土着的な政治家の、たぶん最後の存在だと思う。時代はちがうが、角栄にも共通する草の根の民の記憶が菅の体内には流れている。自分を育ててくれた寒村とその人々の存在が、官房長官という要職にあっても忘れることのない心象風景として彼の胸に息づいているように思えるのだ。それは私にとっては政治家のあるべき姿だが、今の時代にあって菅は異形《いぎょう》の政治家と言えるのではないだろうか。

バックボーンとしての故郷、そして満州の闇

菅義偉の育った秋田県雄勝郡秋ノ宮村（現・湯沢市秋ノ宮）は、人口約一七〇〇人の、のどかな村だ。集落近くの水草が浮かぶ渓流・役内《やくない》川には朱《あか》い斑点のついたイワナが棲《す》み、トンボが稲穂に羽根を伸ばす。山脈の麓の、どこにでも見られる日本の風景がそこにある。しかし、冬になるとその風景は一変する。山脈から降りしきる雪が村をたちどころに覆いつくし、地吹雪が舞うのである。

一九四一年のことだ。

秋ノ宮村を含む雄勝郡を中心とした地域一帯から、海を越えて満州（現在の中国東北部）へ渡った「哈達湾《はたわん》雄勝郷開拓団」があった。しかし終戦の四五年八月、その開拓団の約二五〇名が、集団自決などにより命を落とさざるを得なくなるという不幸な歴史があったことは、秋田県内でもほとんど知られていない。闇の中に埋もれた歴史である。その惨劇については後述する。

菅の両親と二人の幼い姉は満州の地で終戦を迎えた。父・和三郎が戦前の満鉄（南満州鉄道）に勤めていたためで、一一人きょうだいだった和三郎の妹も渡満していた。

菅の実家の秋ノ宮からさらに奥地の山間に、一人の古老・佐藤喜久治（九〇歳）がいる。喜久治は三九年、満州開拓のために一四歳で家族と共に渡満し、終戦を前に現地で兵隊に召集された。その後、終戦で武装解除された際、ソ連軍によってシベリア・ハバロフスクの収容所に抑留され、日本へ帰還を果たしたのは四八年五月だった。

そして、喜久治は鍬《くわ》一つで森林だらけの土地の開墾をしながら、和三郎が営むいちご栽培にかかわるようになる。満州体験についてほとんど口をつぐむ和三郎だったが、同じ満州帰りという縁もあって、喜久治にはポツリポツリと戦時中の体験を語ることもあったようだ。シワだらけの手をした喜久治が述懐する。

「終戦時、満州にいた和三郎さんは、右往左往している日本人らに食糧を渡して、彼らをいったん倉庫に匿《かくま》ったんだ。そして近くの駅に汽車が着くと、その倉庫に詰め込んだ人たちに和三郎さんは『早ぐ乗れ、早ぐ乗れ』と声をかけて貨車に押し込んで帰したんだ、と言っていた」

ソ連軍や中国反乱軍によって、関東軍の次は満鉄が攻撃対象になっていた時期である。和三郎は満州の未曾有の混乱の中で、おそらく自分の判断で逃避行の手助けをしたのだろう。地元には、戦後しばらく「和三郎さんに助けられた」と語る人がいたという。

私が菅義偉という人間を描く時、両親の満州体験から辿《たど》ろうとするのは、たんに父・和三郎ら家族の来歴を知るためではない。菅が育ったバックボーンとも言うべき秋ノ宮村はどのような風土で、そこの人々がどのような歴史を抱えて生きてきたのかを知るためだ。言うまでもなく秋ノ宮村とその人々がいなければ菅は生まれ育ってこなかったし、その歴史は今も彼の体内に宿っているのである。

語り継がれざる悲劇

私は、満州での悲惨な出来事を一人の少女の作文によって知った。

「母の祖先に、昭和二〇年八月一九日、同じ日に満州で亡くなった人が一二人もいたこと、そのうちの八人が子どもで、とくに年のいかない子どもたちが亡くなっていることに驚きました。

また、亡くなった場所が日本でなく、満州であったことも不思議でした。

昭和二〇年八月一九日は、もう戦争も終わっていたのに、どうして、同じ日に一二人もの人が亡くなったのか」

八九年の夏、秋田県雄勝郡羽後《うご》町の明治（現羽後明成）小学校六年生で一二歳だった佐藤智子（旧姓・小野、現三七歳）が書いた「母の家系図」と題する作文は、満州の部分がこのように始まる。

彼女は夏休みの自由研究で母方に連なる祖先の家系を調べ始めた。その作業の中で偶然にも、戦時中の満州に渡った祖父の家族の多くが四五年の終戦直後、満州で命を落とさざるを得なくなるという悲劇のあった事実に遭遇する。

いったい、満州で何があったのか。この悲劇を智子が知った時、終戦から四五年近く経っていた。この間、人々はなぜ口を閉ざすようにして、この歴史を語り継ぐことなくきたのか。彼女は言いつくせぬ衝撃を受けた。

秋田県雄勝郡羽後町は、県南の湯沢市に隣接し、田圃や畑、西瓜《すいか》などの果樹園が広がる穀倉地帯だ。湯沢市は、秋田でも指折りの豪雪地帯で、冬場は一二月も過ぎると根雪になり、山峡は二〜三メートルもの積雪にみまわれることもめずらしくない。羽後町の山間も、それは変わらない。

湯沢から羽後町へ向かう街道からは、地元で「秋田富士」と呼ばれる標高約二二〇〇メートルの、六月になっても雪をかぶった鳥海山の雄々しい姿がくっきりと目に映る。羽後町の中心地・西馬音内《にしもない》は、夏ともなれば、布の切れ端を縫《ぬ》い付けた独得の衣裳を纏《まと》い、編笠や黒い頭巾で顔を覆った女らが囃子《はやし》に合わせて舞う郷土芸能「西馬音内盆踊り」の地として、古くから親しまれてきた。

西馬音内から、さらに車で一〇分ほど西に行ったところに、旧明治村払体《ほったい》という地区がある。

その払体の集落を縫う一本の農道をくねくねと入った途中に、うっそうとした杉林と雑草を背にした小高い丘が見えてくる。集落で祀《まつ》る墓地だ。丸太を植えた小さな坂道を登ったところに、「高山家之墓」と刻まれた一際大きな墓石が佇んでいた。高山家は、佐藤智子の母の実家である。その高山家は一九四一年、四世代の大所帯で満州に渡ったのだった。長い年月の雨水で色がくすんだ墓碑に目を凝《こ》らすと、そこにはこのような銘があった。

長女　悦子

昭和二十年八月十九日死亡　七歳
長男　克巳　昭和二十年八月十九日死亡　四歳
次女　光子　昭和二十年八月十九日死亡　一歳

満州で集団自決した開拓団

これは墓碑に刻まれている名前のほんの一部で、年齢は数え年。智子が作った家系図によると、満州の地で亡くなった親族は全体で一五人。そのうち一二人の命日は、前述のように共通して「昭和二〇年八月一九日死亡」と印されていた。この一二人は全員、同日午後二時から四時の間に死亡していた。しかも、その一二人の中で、八人は数え年七歳（満六歳）以下の子どもらで、一歳（満零歳）の乳離れしていない赤ん坊も二人含まれていた。智子は先の作文でこう記す。

「第二次世界大戦の頃、日本の政策によって満州国（今の中国東北部）に開拓民として家族で渡り、戦争が日本にとって、きびしい状態になった時、開拓民の男達は、皆戦争に行ってしまい、開拓村には女・子どもだけになってしまいました。

そこにソ連が攻めてきたのでした。

その時、開拓団の団長だった人もいなかったために、どうすることも出来ないで、八月一五日に戦争が終わったにもかかわらず、その四日後に、生まれて間もない子どもまで、集団自決をしなければならなかったそうです。こんな不幸な歴史が私の祖先にありました。また、こうした不幸な出来事があって、母も私もこの世にいることがわかりました。

私にとっても、この不幸な歴史が遠い昔のことでなく、私の祖父や母の兄弟達などの身近な人々が体験した悲しい歴史を知る調査となりました」

智子がこの悲劇を聞いたのは、母と一緒に訪ねた実家の菩提寺の住職からだった。生還した祖父が、集団自決を含めて満州で亡くなった高山家一四人の遺骨を寺に持ち込んだことで住職の知るところになった。だが、住職自身は、祖父の孫の彼女が訪ねてくるまで、集団自決の出来事を長い歳月、口にすることはなかった。満州の地で死亡したのは既述の一五人だが、寺に持ち込む遺骨が一四人になったのは、当時の状況から遺骨を現地で拾えないなどの事情があったためと察せられる。

高山家が、祖父ら四世帯の大所帯で哈達湾雄勝郷開拓団に参加し、渡満したのはアジア太平洋戦争の始まった一九四一年のことだ。雄勝郷開拓団が、満州の中心・牡丹江《ぼたんこう》からわずかな距離の哈達湾に入植したのは四〇年からで、雄勝郡の明治村・秋ノ宮村・田代村・西馬音内町・山田村・西成瀬村・弁天村・三関村などに加え、平鹿《ひらか》郡、仙北《せんぼく》郡などの村出身者約三六〇人が在籍していた。

そして、高山家が渡満してから四年後の四五年八月九日未明、突如、ソ連の満州侵攻が始まる。その混乱の中を命からがら秋田に生還したのは祖父と、祖父の弟妹合わせてわずか四人だった。智子はこう記す。

「やがて、祖父が満州で亡くなった一四人の遺骨を持って、秋田にひきあげて来ました。秋田に帰って来ても、田畑すべてのものを売って満州に行ったので、残っているものは、将来、郷里の子ども達に遊び場でも作ってあげようと残しておいた屋敷跡の土地だけだったそうです。

生活していくにも、家や食器、なにひとつない中で、親戚の小屋に住まわせてもらい、生活を始めたそうです。

そして一四人の遺骨をいつまでもそのままにしておけないので、祖父は高寺の和尚さんに『どうしたらよいか』相談に行ったそうです。

その時、祖父はそれまでのことをくわしく和尚さんに話し、今の自分達の生活も湯呑みひとつない状態で、法事など出来ないことなども話したそうです。その頃は周りの人々も大変な時だったので、和尚さんが供養を自分から引き受けてくださったそうです。

『しかし、一度に一四人もの遺骨が運ばれ供養したのは、その時、一回だけだな』と話してくださいました」

小さな子どもも皆、殺された

　智子は、住職がじっと彼女の目を見据え、絞り出すように言葉をつむいだことを記憶している。その後、智子の作文は教師により両親の了解を得た上で、太平洋戦争を知るための教材に取り上げられ、「雄勝郷開拓団の悲劇」は同級生や村の人々の知るところになった。智子は言う。

「いつも、子供心になぜ、祖父の墓石は他より大きいのだろうと疑問に思っていました。そこに、同じ日に幼い子らが亡くなる不幸な歴史があったとはまったく知らなかった。秋田の地に帰ってきた祖父らは、あの出来事に口を閉ざしてきました。亡くなった家族のことが片時も頭から離れなかったと思いますが、一方で、壮絶な最期《さいご》は忘れ去りたい記憶でもあったのでしょう。一人でどんなに苦しんでいたことか。祖父は何も言わずに亡くなりましたが、今もって決して隠すべきことじゃなく、語り継ぐべき歴史だと思います」

　智子の祖父の家族が亡くなった集落・払体は、春になると一面にかたくりの花が咲き、夏はホタルが舞い、秋に茸《きのこ》や山菜が豊かに採れる山間の里だ。開拓団の人々は、その郷里へどんなに帰りたかったことか、想像に余りある。

智子の作文が書かれた一年後のことだ。祖父は八人きょうだいの長男。満州から生還した祖父ら四人のうち、祖父の七番目のきょうだいにあたる弟を訪ね、哈達湾の体験を聞いた従妹《いとこ》（現三五歳）とその両親がいた。智子の作文から、大きな衝撃を受けたことは言うまでもない。従妹は、祖父の弟が重い口を開いて語った内容を、智子に次いで聞き書きの形で夏休みの自由研究の作文に綴った。彼は、きょうだいの末っ子で数えで一四歳の妹を八月一九日に失っていた。

「祖父のこと」と題した作文にはこう書かれている（平仮名は漢字に改めた箇所がある）。

「昭和一九年六月、日本が負けるというデマが飛び、満人（中国人）の反乱が起こるようになった。

二〇年七月、男たちは手榴弾を一つずつ持たされて召集され、さまざまな辛い思いや体験をした。

二〇年八月一〇日頃の夜中に開拓団に戻ると、ロシア人と満人の反乱が起きていた。開拓団のあるところは見渡す限りの平坦地だったので、三角点というところから襲撃があって『助けて！』という声が聞こえてもどうすることもできなかった。二〇年八月一九日には家族一人残らず、小さな子どももみんな殺された。そして残った者は自決したり、家族の手で殺したりした。

私の祖父の家族一三人は、こうしてここで亡くなっている。

その人達や村を焼いて逃げた。冬は零下五〇度にもなる満州の地を裸足、裸同様の姿でとにかく逃げるしかなかった。最初は一日五里も歩いたが、だんだん一日一里も歩けなくなった。

ハルピンから汽車で三日かかるシンキョウまで逃げて日本人収容所に入った」

祖父の弟は四五（昭和二〇）年八月一九日の悲劇の現場に遭遇していただけに、その日のことはこれだけの言葉にするのが精一杯だったと察せられる。一方、弟はその後どう生き延びたか。

「中国人のいい友達がいて、大根で『毛沢東』のハンコを作ってくれた。このハンコがあれば、どこでも通れる手形で、これを持って線路づたいに家族の骨を拾いに行った。途中、岩塩を食べながら。六月、七月は雨が降らないので、マンホールの水を飲みながら生き延びた。途中、中国人の家に泊めてもらおうとしたが、お骨を背負っていたので、嫌われてそれもできなかった。兄弟で励まし合って生きてこれたのだと思う」

さらに、作文はこう続く。

「二二年一一月二九日、湯沢駅に着く。私たちの兄弟の他に五人ぐらいいた。家に着いた時、『もう自分の人生はない』と思った。周りの人にやしめられないように夜も昼も一生懸命がんばった」

「やしめられない」とはこの地方の方言で、いじめられない、馬鹿にされないという意味だ。満州で一旗揚げるために土地などの財産を処分して一族で海を渡ったものの、多くの家族の遺骨を抱えて帰郷せざるを得なかったことを、ただ申し訳ないとひたすら頭を下げて回る姿が目に浮かぶようだ。もはや自分の人生はないと、自らを責めるところから彼の戦後は始まった。

「満州でのことは一生忘れない」と語っていた彼が八六歳で他界したのは二〇一四年五月のことだった。

消し去られた非業の死者たち

満州は、膚《はだ》を刺すような凍てつく冬さえしのげば、地平線が霞むような曠野《あらの》にミツバチが舞い、西瓜やカボチャ、大人の背丈ほどのトウモロコシなどが肥料なしでも豊富に育つ肥沃《ひよく》な土地で、川には鮭などが群れをなした。

満州開拓は当時の国策として推し進められた。全国の農村の隅々にまで「開拓民になって二〇町歩（二〇ヘクタール）の地主になろう」と喧伝《けんでん》され、貧しい農村から脱する夢を煽《あお》った。家族で渡満すると土地が与えられ、日本国内の食糧不足からすると夢のような土地で懸命に鍬をふるった。

しかし、それらの土地は本来、古くからそこに居住してきた中国人のものだった。「満州国」を建国し、満州を支配した兵力七〇万人の日本陸軍・関東軍がその威力で奪った土地だった。土地を奪われた中国人の多くは関東軍に隷属《れいぞく》し、「苦力《クーリー》」と呼ばれる労働力として生き延びるしかなかった。

肉親を失って満州から引き揚げてきた孤児たち（品川駅、朝日新聞社／時事通信フォト）

一九四五年八月一四日、天皇がポツダム宣言を最終受諾し、日本の敗戦は決した。一方、海を越えた満州では八月九日未明、ソ連軍が国境を越えて侵攻。敗軍となった関東軍は大本営の命により満州から撤退する。それは満州で生活している多数の移留民・開拓民らの置き去りを意味したのである。

満州の地で逃げまわる開拓民らは、八月一五日に天皇の「玉音放送」があり、国民に終戦が告げられたことを知る由もなかった。

終戦により、ソ連軍ばかりか、中国人、なかでも「匪賊《ひぞく》」「土賊」と呼ばれていた「満人」の反乱軍が開拓民に襲いかかることは火を見るより明らかなことだった。ここに、今もって歴史の暗部としてその全貌が明らかになっていない、八月一五日の終戦を境にした未曾有の悲劇が満州各地で起こったのである。

そのひとつ、雄勝郷開拓団の出身地は寒村だった。秋田県から、満州・哈達湾地区に送り出された雄勝郷開拓団の入植者約三六〇人のうち秋田に生還できたのは九三人。戦局の悪化に伴い、関東軍の命により一七歳から五〇歳までの「根こそぎ動員」で兵場に現地召集された者で、哈達湾には召集を免除された開拓団幹部十数名しかいなかった。約二五〇人の老人・女・子どもは、八月一九日の満州反乱軍の襲撃から逃れ切れず、集団自決などで悲業の最期を遂げたのである。

私は、秋田県民生部世話課（当時）が五五年に手がけた哈達湾雄勝郷開拓団の調査報告書を情報公開請求によって入手した。

それによると、四五年八月一九日の自決を含む死亡者は自決者を含め二五八人と数えられている。また、時期は不明だが、関東軍司令官から、「未開地であるから匪賊の出没頻繁なるを以《も》って軍の協力のみ期待することなく自衛に努むべし」として、小銃四五挺、爆薬三〇〇〇発を渡されていたと記されている。死亡者の住所・名前は抹消されたかのように完全に黒く塗りつぶされ、それが逆に、非業の死者たちが現代史の暗部からリアリティをもって迫ってくるような印象を抱かせる。

菅義偉と慟哭の歴史

満州開拓団の全在籍者は二七万人。うち、青壮年層を中心とした四万七〇〇〇人が終戦を前にした「根こそぎ動員」で軍隊に召集され、女・子ども・老人だけが取り残された。

『満洲開拓史』の「事件別開拓団死亡者一覧表」によると、日ソ開戦後開拓団から避難の途次、あるいは現地に踏み止まって越冬中、ソ連・満軍・暴民の襲撃などにより自決・戦闘死した者のうち、ほとんど全滅、あるいは犠牲者一五人以上を出した開拓団は七七を数える。犠牲者は約九六〇〇人だ。一覧表に記された以外の一五人未満の自決・戦死者を入れると約一万一〇〇〇人に及ぶ。

さらに満州開拓団の全在籍者は前述したように二七万人だが、日本帰国までのその後の苛酷な生活による病没と行方不明者を入れると、開拓者の人々の死亡者は七万八五〇〇人に達した。

満州の雄勝郷開拓団の悲劇を見聞きし、命からがら秋田の地へ帰ってきた人々は「俺だけ満州から無事に帰って来て……」と罪悪感に苛《さいな》まれた。だから、口を閉ざしたのである。今もって日本全土で、満州に渡った開拓民の悲惨な体験が埋もれたまま十分に知られていない理由はそこにある。

菅の父親・和三郎の満州体験を生前の彼に取材した「秋田魁《さきがけ》新報」（〇七年八月一七日付）はこう記している。

「昭和二十年の暮れだった。終戦直後の混乱期、旧満州（中国東北地方）の奉天（瀋陽《しんよう》）にいた菅和三郎（八九＝当時）さんは、厳冬の街中で故郷・秋ノ宮村の隣人の男性に出くわした。遠く哈達湾から避難してきた雄勝郷開拓団の入植者だった。男性は感染症を患っていた。寝泊まりする倉庫に行ってみると、日本人が大勢おり、凍った遺体も転がっていた。『ここにいては死んでしまう』。菅さんは男性を家に招き、数人いた他の雄勝郷団員にも住む部屋と仕事の世話をした。男性は召集で開拓団を離れていた。終戦で哈達湾に戻ろうとしたが、途中で団員に会い『もう自爆した。行ったってだめだ』と告げられたという。（中略）

（和三郎さんは）家族とともに、暴動が起きる寸前の通化から奉天に逃れた。二十一年六月、一家で日本に引き揚げた菅さんは『当時の満州は、日本に生きて帰られるか未知数だった。自分も家族がいなかったら、生きていなかったかもしれない』と述懐する」

和三郎の言う雄勝郷開拓団が満州の中心地・牡丹江からわずかに離れた哈達湾に入植したのは四〇年。哈達湾からの逃避行は想像を絶する苦難に満ちていて、現地人の反乱軍による襲撃や多数の自決などで約二五〇人が死亡していることは前述した。さらに、逃避行では伝染病の発疹チフスが蔓延《まんえん》。次々と帰らぬ人になっていった。和三郎は、そこからどうにか脱して生き延びた団員らと、満州の奉天で奇しくも遭遇していたことになる。

ソ連軍が四五年八月九日、満州に侵攻してくるまで、和三郎の一家は満州の満鉄宿舎で現地人のお手伝いを雇うほど、内地とは異なる恵まれた生活をしていた。ソ連軍侵攻の後、日本の敗戦を満州の地で迎え、それからしばらくして、和三郎夫婦は満州で育った幼い娘二人を背負い手を引きながら、命からがら秋ノ宮の村に戻ってきた。和三郎は引き揚げ当時の悲惨な記憶を口にすることはほとんどなかったと・

いう。菅が生まれたのは、引き揚げから二年後のことだ。菅は言葉少なに、「母は父を『満州であの人は燃焼した』と言うことがあった。引き揚げに際し、現地の中国人から『女の子（菅の姉）を置いていけ』と言われ、辛い思いをしたらしい」と語る。

集団自決などで多数の人々が亡くなった雄勝郷開拓団の不幸な歴史について、菅はくわしくは知らなかった。自らの故郷が抱えこんだ満州での惨劇に菅は少なからぬ衝撃を受けたはずだと思う。人は過去の歴史から解き放たれ自由になることはできない。何よりも故郷を大事にしてきた菅のような政治家にとってはなおさらだ。満州で亡くなった人々の血涙——。そういう意味では菅もまた地に刻まれた慟哭《どうこく》の歴史の落とし子なのである。

第二章　集団就職の世代

故郷で先祖の墓参りをする菅義偉内閣官房長官
(2013年7月8日、秋田県湯沢市、時事)

菅は、秋田県南の湯沢市（旧雄勝郡雄勝町）秋ノ宮の農家に姉二人、弟一人の長男として育った。

湯沢市は秋田でも屈指の豪雪地帯。冬場は一二月も過ぎると根雪になり、山峡《さんきょう》の積雪は二〜三メートルになる。山間と田圃の境目がなくなる地吹雪は音を立ててうねる。湯沢や横手を経た渓谷などは視界がまったくきかず、秋田に向かう唯一の鉄路である奥羽本線も豪雪には途中で立ち往生することが間々ある。

満州から帰った父・和三郎の戦後

東京から湯沢へは現在、秋田新幹線と山形新幹線を経由する二通りがある。山形新幹線で北上すると、福島を経由し終着駅の新庄で奥羽本線の各駅停車に乗り換え、真室川《まむろがわ》や秋田との県境の峠を越える。東京から計約五時間というところだろうか。

菅が育った集落・秋ノ宮は、湯沢よりも三つ山形寄りの横堀《よこぼり》が最寄り駅だ。横堀駅を出て少し歩くと、アユ釣りで知られる渓流の役内川につき当たる。役内川流域は七三年頃まで、豪雨が続くと水嵩《みずかさ》が増し、たびたび氾濫の被害に遭った。その後、河川補修工事も進み、河川敷では四〇年ほど前から盆に合わせて花火大会が催され、大勢の帰省客らで賑わうようになった。

その役内川と並行しながら、国道一〇八号線を横堀駅から一五分ほど走った奥羽山系の麓の集落が秋ノ宮地区である。国道一〇八号線は、宮城県の鳴子《なるこ》温泉まで伸びている幹線道路で輸送トラックなどが土埃《つちぼこり》をあげ、ひっきりなしに行き交う。菅の実家は、旧国道沿いのやや奥まったところにある二階建ての民家だ。玄関先には、「菅和三郎」の標札が掲げられている。

既に書いたが、菅の父親・和三郎は戦前の満鉄（南満州鉄道）の社員として四一年頃に渡満、終戦を満州南方の通化《つうか》で迎えている。

菅の母・タツの出身地は、秋ノ宮から三キロほど奥羽山系の奥地に入った秋ノ宮温泉郷のほとりの集落。秋ノ宮温泉は、秋田県でも古い温泉で、小野小町《おののこまち》誕生の地として伝えられる。雪どけの冷たい水が温泉から湧き出る湯と混ざって中和されるため、他地域よりも米作りに適した土地と言われてきた。

秋ノ宮出身の実業家に、戦後の第一次吉田茂内閣と片山哲内閣で石炭庁長官を務め、その後、東京電力会長（四代目）に就いた菅礼之助《すがれいのすけ》（七一年没）がいる。礼之助は戦前の古河鉱業（現古河機械金属）、国策会社・帝国鉱業などを経ている。古河鉱業は明治期、秋ノ宮の隣にあった国内有数の銀山・院内銀山の払い下げを受けた企業である。同じ秋ノ宮出身のため、地元には「和三郎さんが満鉄に入り満州へ渡るに当たっては、礼之助さんの地縁・血縁の繋がりも何らかの形で後押ししたのではないだろうか」と漏らす古老もいるが、真偽のほどは定かでない。ただ、当時満鉄に入社するのは狭き門だった。「満鉄に勤めたことが父の自慢だった」と菅は言う。

和三郎は一一人きょうだいの長男。満州から戻ると、戦後は農業に従事し続け、生家の耕す田圃は一町（一ヘクタール）ほどあった。菅の幼少期、家族はどこでも似たような大所帯だった。家族は多い時で父母に姉二人、弟、祖父母や親類も一緒に住んでいたという。

秋ノ宮は山間の麓のため水田面積は少なく、その分、高地を開墾したリンゴなどの果樹栽培がところどころで行われていた。和三郎は田圃で働く傍ら、「秋ノ宮いちご」の栽培に力を注いでいく。

秋ノ宮いちごは、役内川流域の標高の高い冷涼地で栽培される「遅出しいちご」または「夏いちご」と呼ばれ、通常のいちごが市場からなくなる六、七月に出荷し、主にケーキなどの業務用に高値で販売された。和三郎は農家を組織して出荷組合を立ち上げ、自分も東京や大阪へ出向いて販路を開いた。組合員数は最盛期で約二三〇人に達し、品種改良も重ねた。ある組合員が振り返る。

「和三郎さんはいちご栽培の先頭に立ちながら、『これからの農家はコメだけでは食っていけねえ』と言うのが口癖の人だった」

出稼ぎの村に変貌

秋田県の広報誌「あきた」一九七一年一二月号に「成功した遅だしイチゴ　水田の切り換えも進む　秋の宮いちご生産出荷組合」と題した記事が載り、そこに目鼻立ちが息子の菅に似た組合長・菅和三郎（当時五四歳）のスナップ写真が載っている。

記事によると、当時のいちご組合の会員は一四二人、栽培面積二〇ヘクタール。コメの作付面積を減らし、畑作などに置き換える生産調整の減反は二年目に入り、会員らの平均水田面積は〇・六ヘクタールほどだった。

端境期になるといちごの価格が高騰するのに目をつけた和三郎は、六七年から遅出しの品種・もりおか16号を開発し導入。この品種は長持ちし、長距離の輸送にも強いという利点を持っていたため、七〇年の価格は東京築地市場で二キロ入りで平均五八九円、函館市場で六二二円と、他品種より一・五倍ほどの高値を呼んだという。「あきた」の記事の中で和三郎はこう言っている。

「消費者の立場に立って選果、品種の選定を厳重にし高級品などのよいものをどんどん出荷したい。地元で取れたものは消費するといった閉鎖主義は棄てたい。県内では消費量が少ないし、高級品の値段も安いですからね」

「これまでの農政は米一本できたが、減反が続いたり、協業化、共同化が進めば余剰労働力が出てくる。これらの労働力は大部分がいちごを含めた園芸に向けられる時期が来るだろうが、その時には県は、これらのものにも思い切った助成、技術指導をしてほしい」

秋の宮いちご生産出荷組合長としての和三郎の先見性がうかがわれる言葉だ。

一方で、六〇年代に入ると他の農村と同じように、秋ノ宮も出稼ぎの村に変貌していく。駅までの道程を、黒い外套《がいとう》を羽織り、手拭いで頬《ほお》っかむりをした農夫らの姿が列をなしていた。古いリュックや大きな風呂敷包みを腰をかがめて背負い、ただ黙々と歩く。彼らは汽車を乗り継ぎ、夜行列車で東京に向かう。そんな光景が頻繁に見られた。

秋ノ宮でも、冬場に出稼ぎに出て、少しでも実入りのいいトンネル掘削《くっさく》などの危険を伴う工事現場を求めて、正月にも帰郷しないで働く農夫らが後を絶たなかった。菅の長姉は、「出稼ぎで家族がバラバラになる農家を見て、父はしきりに『かわいそうになあ……』と言っていた」と語る。

「集団就職」の一人という意識

横堀駅前に映画館・雄勝町シネマがあった。テレビを持つ家庭はなく、子どもらは、盆など年に一、二回そこに「赤胴鈴之助」「月光仮面」などの活劇を観に行くのが何よりの楽しみだった。歌をうたい、ツギハギだらけの服を着て、道草をしながら長い道程を歩いてくる子どもらの笑顔が目に浮かぶ。

秋ノ宮からは、子どもの足でたっぷり一時間以上はかかった。石ころだらけのジャリ道をバス代を節約して歩くのである。映画は三〇円、ラーメンも三〇円だった。映画館の隣の中華店が、映画館の二階にいる子どもらにラーメンを出前してくれた。映画がはねた後は、残った小遣いを出し合い買った漫画雑誌を回し読みしながら帰るのだった。

中学の同級生で弁当を持参できる子は、飯の上にハタハタの塩漬けか、納豆、沢庵を載せたものが多く、他の子は梅干し入りの握りメシだった。

当時、ハタハタは大量に獲れた。どの家も年末に箱で一〇箱ほどを安価でまとめ買いし、塩をふった。ハタハタは物流から閉ざされた冬場の貴重なタンパク源であり、食卓には毎日のように並んだ。

学校に弁当を持っていくと、昼に飯は冷えて硬くなっている。そのためブリキの一斗缶の底に水を入れ板を横渡しした通称「暖飯器《だんぱんき》」の中に皆弁当を重ねて、ストーブで温めた。ハタハタや納豆のにおいが教室内に漂い、皆が閉口したという。しかし、誰もが口にできる食料はそのようなものしかなかった。

雪が溶けると、校庭では野球と相撲が盛んになった。秋ノ宮は、第三八代横綱の照國萬藏《てるくにまんぞう》（七七年没）の出身地。菅は野球のチームで一番・サードを任せられていた。相撲も得意だった。同級生は、こんな場面を覚えている。

ある時、学校にタバコを隠し持って来た子がいた。菅がその子と相撲を取っていると、不意にポケットに手を入れタバコを取り出して、相手にこう言ったという。

「こったなもの、学校さ持って来るんじゃない」

普段は口数の少ない菅だったが、相手が道に外《はず》れた行為をしていると率直に口に出すところがあった、と同級生は振り返る。

「貧しい家の出身の子や性格の弱い子をいじめているところにぶつかると、菅は『やめれ、やめれって』と割って入る奴だった。子どもながら正義感の強い性分だったが、それは教員だった母親・タツさんの薫陶かもしれません」

中学の同級生一二〇人のうち、高校に進学できたのはわずか三〇人。大半が中卒で東京などの工場や商店などに就職する集団就職組で、彼らは一五歳で「金の卵」と呼ばれた。

『秋田県の百年』によると、秋田県の農村人口は、高度成長期に入るとかつてなく急激で大幅な流出現象が起こった。それは爆発的ともいうべき勢いだった。都会への流出は、集団就職に象徴されるように若手労働者、とくに中学卒業生から始まる。

その推移をみると、一九五〇年では二万八九二人の中学卒業生のうち農業に就職したのは一万二三二三人（四二・六%）を占めていたが、一〇年後の六〇年ではその数が二八八二人（一〇・五%）に激減、さらに六九年には農業就職者はわずかに四〇六人（一・四%）を数えるにすぎない。

1960年3月、上野駅に到着した東北地方からの中卒者の集団就職一行

高校卒業生とても同じことで、六九年の卒業総数二万一八九〇人のうち一七四九人（八%）が農村に残っただけだった。

これらの数字は、高度成長期にいかに多くの若年労働者が農村を離れたかを物語っている。

その一人が菅だった。中

卒・高卒の別なく大量に郷里の農村を離れた時代を生きていたという意味では、菅も上野駅をめざした「集団就職」の一人と自分を思っていたとしても何ら不思議はない。

一方で四八年生まれの菅は、ちょうど「団塊世代」（四七～四九年）の真ん中に当たる。その三年間の合計出生数は約八〇〇万人。菅は戦後の第一次ベビーブームの世代でもあった。

「東京に出れば何とかなる」

岩手県出身の私も、集団就職組の一人として仲間と東京に出ていたかもしれなかった。

東北の冬の陽は落ちるのが早い。その日、私は木造の校舎でそこだけが蛍光灯のあかりの残っていた職員室で、一人居残りを告げられていた。ストーブで焚《た》かれていた石炭の残りカスの火は消え、職員室はシンシンと冷えていた。

教師は、職員室の隅の事務机にポンと大判カラー刷りのパンフレットを置いた。パンフレットは東京都板橋区のガラス工場のものだった。見開きで工場の外観やガラスの製作工程などが紹介され、そこに東京の都会の風景が添えられていた。蛍光灯のあかりで目に撥《は》ね返ってくるそのカラー写真の光景は、田舎の山々や野原、田圃に四方囲まれて育った私には眩《まぶ》しく映った。

「東京の板橋っていう所だけど、どうだあ」

教師は事務机に腰をかがめてそう訊いてきた。どう、と言われても私には答えようがなかった。東京は遥か遠く、東京と言えば上野ぐらいしか頭に思い浮かばない私には、板橋がどのあたりにあるのかも知りようがない。その都会への不安が先立っていた私は、教師への返答の言葉を濁した。そして、暗い夜道の雪をギュッギュッと踏み帰った苦い記憶が今も残っている。

〽どこかに故郷の香りを乗せて……という歌のフレーズが、農村の山河・田圃の端々にまで流れたのは一九六四（昭和三九）年だった。この年は東京オリンピックが開催され、東海道新幹線が開業。「ひかり」は東京〜新大阪間を四時間で結び、出稼ぎ先は茨城から福岡・大分までの太平洋ベルト工業地帯に広がる。歌手・井沢八郎のヒット曲「あゝ上野駅」は、集団就職の子や出稼ぎの農民らの胸に沁み入る響きを持っていた。

『集団就職の時代 高度成長のにない手たち』に収録された文部省「学校基本調査報告書」「文部省年報」によると、一九六三年の男子の中学卒業者約一二七万一〇〇〇人のうち就職者約三九万六〇〇〇人（農業就職者約三万七〇〇〇人）、六四年は卒業者約一二三万七〇〇〇人のうち就職者約三六万人（同農業約二万九〇〇〇人）、六五年は卒業者約一二〇万四〇〇〇人のうち就職者約三二万三〇〇〇人（同農業約二万三〇〇〇人）。この三年で卒業者の約二六〜三一％が就職者だった。

一方、女子の中学卒業者は六三年約一二一万九〇〇〇人のうち就職者約三六万七〇〇〇人（農業就職者約二万六〇〇〇人）、六四年は卒業者約一一八万九〇〇〇人のうち就職者約三三万七〇〇〇人（同農業約二万人）、六五年は卒業者約一一五万五〇〇〇人のうち就職者約三〇万人（同農業約一万四〇〇〇人）。男子と同じく約二六〜

三〇％が就職している。男子は言うまでもないが、女子の集団就職者の夥多《かた》から、高度成長へ邁進する日本の底辺が誰によって支えられていたかに改めて思いを馳せずにはいられない。

菅は、秋ノ宮で中学を出て、湯沢市の高校に入った。

菅が高校二年の頃のことだ。

秋ノ宮の集落から三キロほど離れた山間の家に住む同級生の一人は、中学の時から菅とキャッチボールをしたり、役内川の水力発電所前で暗くなるまで鳥の羽根を使った釣りに興じる仲だった。その同級生は菅から、ある日こう打ち明けられている。

「ここにいたんじゃ、自分のやりたいことはできない。東京に出ればなんとかなる」

また、別の同級生も同じ頃に言葉少なに菅が口にした言葉を覚えていた。

「俺は東京に出て行く」

菅はボソッとそう言うのだった。

イワナやヤマメ獲りに興じた高校時代

農家の二、三男で、農業に従事できるほどの田畑を持たない家の子は、養蚕のため桑の葉を摘み、植林の杉の周囲に繁る雑草を刈るなどの肉体労働に駆り出された。菅の同級生はこう振り返る。

「貧乏な村だった。山奥に入るほど『女に学問はいらん』という家が多くなり、女の子は農業を手伝いながら、親から『学問はいらねぇから、針仕事（裁縫）と料理の仕方を覚えろ』と小言のように言われていた。嫁ぎ先も親が決めたところが優先された。かわいそうだったな。なにしろ、皆ジェニコ（お金）がないから仕方なかったんだ」

菅は集団就職組には入らず高校に進学したが、それを一概に望んでいたわけではない。それよりむしろ、早く東京に出て稼ぐことを望んでいた。彼は「鉛色の空に覆われた村が嫌だった」と語っている。菅の選択肢は東京へ行くか、秋田に留まるかの二つしかなかったのである。菅の分岐点の一つがここにあった。

役内川の渓流がアユ釣りの名所というのは、アユの好む藻《も》が繁殖しやすい水質が保たれているからでもある。役内川は、横手市出身の漫画家・矢口高雄の漫画『釣りキチ三平』が映画化された際にロケ地にもなった。

役内川の秋ノ宮地区には水力発電の樺山《かばやま》発電所が置かれ、そこを戦前に運営していた増田水力電気に勤めていたのが菅の祖父・喜久治だった。増田水力電気は戦時中に東北配電に統合され、その後東北電力になっている。

樺山発電所が開設されたのは一九〇〇（明治三三）年。秋ノ宮からほど近い地区にあった院内銀山へも送電していた。

院内銀山の由来は古い。秋田藩直轄の銀山として発足し、明治に入り古河鉱業に払い下げられ、一八九三（明治二八）年の産銀高は約一万五〇〇〇キログラム（四一〇〇貫）と国内で最高を記録した。しかし、鉱況の低下、坑内事故などで不振の道を辿り戦後の一九五四年に約三五〇年の歴史に幕を閉じ廃山している。

横堀駅から山形寄りに一つ目が院内駅だ。かつてツルハシやタガネ、ハンマーなどを使って手掘りで採掘された院内石が外壁や柱などに用いられた駅舎は、往時の栄華と、そこに送られた人々の険しい労働の跡をしのばせる建物である。その院内の歴史について地元の古老を訪ねた冬の夕方、私は駅舎の片隅の待合所のベンチに座り手に息を吹きかけ、湯沢に向かうワンマン列車を待っていた。

樺山発電所付近こそ、菅や近所の子らの格好の遊び場だった。菅の同級生は回想する。

「義偉は水深五メートルはあるようなところに、ポンと飛び込んで手摑《づか》みで魚を獲ってくるような度胸があった」

高校までは秋ノ宮の実家から、バスと奥羽本線を乗り継いで二時間近くかかった。高校の同級生が振り返る。

「義偉は、喧嘩の仲裁に入り双方を『まあず、まあずさ。互いに、そったにごしゃぐ（怒る）なって』と宥《なだ》めるような奴。何よりザッコ（魚）獲りは誰より得意で、近くの役内川の沢で仲間とイワナやヤマメを獲っていた」

横堀駅から秋ノ宮までの道程は、バスがなくなると歩くしかない。菅の高校当時、道はまだ舗装されておらず石ころだらけのジャリ道で、外灯のない真っ暗な道を歩いて一時間近くかかった。吹雪になると、凍った雪が尖《とが》った籾殻《もみがら》のように頬に刺さった。

集団就職列車を見送る

菅が高校一年の時、和三郎は雄勝町（現在の地域人口は約七一〇〇人）の町会議員になった。町議を四期務め、副議長も経験している。しかし、上京を念願していた菅にとっては無縁のことだったろう。

秋田県大曲市出身の政治家に根本龍太郎《ねもとりゅうたろう》がいる。五四年発足の鳩山一郎内閣（第一次～三次）の官房長官、五七年発足の第一次岸信介改造内閣の建設大臣を務めた重鎮だ。和三郎はその根本の秋ノ宮地区後援会長の肩書を持っていた。地元の古老は言う。

「和三郎さんは政治好きで、いったんその話になると口に泡を飛ばしていつまでもやめない人だった。自分の意見は、たとえ相手が知事だろうと筋を曲げないで押し通そうとした」

和三郎は豪放磊落《らいらく》な反面、一途《いちず》な性格を持ち合わせていたという。

冬場になると菅は、豪雪のため高校への通学ができなくなり、湯沢市に下宿した。下宿先には家から、コメや野菜を運び入れる。秋ノ宮の住民は、集団就職の時代についてこう述べた。

「当時、横堀駅にも集団就職列車が停車した。雄勝町を中心に集団就職する子が多かったからでしょう。乗り込む子らを見送る農家の母親を見るのは辛かった」

集団就職列車は一九五四年に始まった。彼の言う集団就職列車の光景は、岩手県出身の私の記憶とも重なっている。

私は、東京へ集団就職で向かう中学を卒業したばかりの同級生を見送りに、駅まで行ったことがあった。男の子は一様に詰め襟の学生服の上に、新調したばかりの白っぽいハーフコートを着ていた。ソデが長く、手首まで隠れていた。女の子は髪を三つ編みに結び、赤く染まった頬をしていた。

駅に来ていたほとんどの母親は、地元の人が「角巻」と呼ぶ毛布のような外套を羽織っていた。

列車の発車を告げるベルが鳴った。

「頑張れよ。身体、壊すんでねえぞ。ちゃんと食うもの食ってなあ」

「会社の人の言うこと、ちゃんと聞くんだや。わがったが」

「たまにでいいがら、手紙書いて寄ごせよ」

車窓からわが子にそう声をかける母親らに、同級生らはウン、ウンと肯《うなず》きながらも俯《うつむ》き加減になるのだった。列車が動き出す。

「せば、行ってくるがら。盆と正月には帰ってくるがら。手紙書くこど、忘れねえがらな」

男の子も女の子もそう声高に言っては手を振った。母親らは軍手のようにゴワゴワした手袋で溢れる涙をこすっていた。

その母親らは、朝早くから暗くなるまで、田圃に張った水に顔を押しつけるようにして腰を曲げて這いつくばり、節くれだった手で稲の間の雑草を抜き取っていた。陽の暮れるまでかがみ込んでいたため、顔を上げると腫《は》れてむくんでいた。その合間には農業用水路の補修工事などの労働に出ていた。それでも、東京へ出稼ぎに出なくてはならない。中学を出たばかりの子を親元から離して、働かせなくてはならなかった。

物のない時代だった。田植えの季節になると、牛や馬で田圃の耕作ができても、苗を植えるには人の手を頼らなくてはならない。近隣の農家から農婦を集める時には、昼食に何を出すかにどの家も頭を悩ませた。

「皆、ハタハタと一緒の飯には食い飽きていた。卵焼きをおかずに出すと喜ばれてなあ。

『あの家は食い物がいい』と、母ちゃんたちが誘い合って手伝いに来たもんだあ。今じゃ、とても考えられないことだけど」と、秋ノ宮の古老は懐かしそうに述べてやまない。

上京し、段ボール工場で働く

菅にとって秋田は、脱け出したくても脱け出せない土地だった。子どもの時から、農家の長男として家を継ぐことを背負わされて育ったからである。その境遇は、後に神奈川・横浜出身で通産、建設大臣などを歴任した自民党の重鎮・小此木彦三郎の秘書になってからも、郷里へ帰るべきか否かで菅を逡巡させる。

「東京に出て稼ぐ」

高校を卒業した菅の予期せぬ言葉に、ゆくゆくは家を継がせようと願っていた和三郎は激怒した。しかし、菅は和三郎の反対を押し切って上京する。父子の不和はしばらく解消されなかった。

〽くじけちゃならない人生が　あの日ここから始まった

井沢の「あゝ上野駅」には途中、このような歌詞が出てくる。上京した菅も、遠い北の田舎から出てきた者なら誰もがそうであったように、上野駅の古い、くすんだ壁の駅舎と時計台、近くの上野公園の繁みの下に立つ西郷隆盛の銅像の前に一度ならず佇んだにちがいない。

私は上京して一人寂しくなると、なぜか山手線に乗り上野駅に足が向いた。ゴトンゴトンと線路を軋《きし》ませながら走る電車の音に胸がなごんだ。そんな時、岩手・渋《しぶ》民《たみ》村（現盛岡市玉山区渋民）出身の歌人・石川啄木の「ふるさとの訛《なまり》なつかし停車場の人ごみの中に　そを聴きにゆく」（『一握の砂』）という歌が頭を過《よぎ》り、遠い郷里の山間をゴトゴト走る列車を思い浮かべた。鉄路の音は心を故郷に繋げてくれたのである。

上京した菅はいったん、地元の高校の紹介で東京・板橋区の段ボール工場に住み込みで就職する。しかし、労働環境は想像以上に厳しいものだった。

当時、板橋区舟渡《ふなど》近辺などには鋳物工場や鉄工場、印刷・製本などの小・零細企業が軒を連ね、環八通りは、もうもうと土埃を上げてジャリを運ぶトラックが民家との境すれすれに走っていた。鉄クズや古紙などがリヤカー、トラックで運ばれ、機械油の臭いと、ガシャガシャという旋盤音が夜中まで響いていた。

菅の働いていた段ボール工場は、場所柄から言って、新聞・段ボールなどの古紙を回収し、溶鉱炉に入れる前のビスを抜くなどの仕分け作業をしていた工場とみられる。水を注入し古紙をドロドロにする作業は臭気が発生することなどから、主に荒川区の大手製紙工場が使われた。

うずたかく積まれた古紙を相手にした作業は、紙の繊維が飛び散り粉塵《ふんじん》まみれとなる肉体労働だった。ある住民は当時を「印刷工場で働く職工らの爪の中は何度洗っても真っ黒だった。それよりも夏は暑く冬は寒い中での段ボール工場もきつい労働だったろう」と語る。

現在、荒川の堤防沿いに板橋、舟渡地区を歩くと、住宅地の角にある小さな製紙工場からカシャカシャと古紙をカットする音が聞こえてくる。閉じたシャッターの前に鉄クズや廃タイヤ、プラスチックを積んだ工場もあった。ひっきりなしに資源回収車が行き交う。昔は、その堤防から、遠く埼玉・川口市の工場地帯にあるキューポラの煙突が見えたという。

その後、菅は昼は築地市場の台車運び、夜は新宿の喧噪の中で飲食店の皿洗いなどのアルバイトを重ねる。

東京で働くようになってからも、田舎の仲間にはたまに会った。そこで菅は、中卒で働く彼ら下積みの苦労を聞かされる。彼らは織物・洋服・鉄工・製パンなどの中小の工場や、クリーニング屋・パン屋・米屋・美容院など小零細の個人商店でその家族に召し抱えられたような状態で働く者が多く、一方でそれらの業種は慢性的な求人難でもあった。そのあたりの事情について『職業安定広報』(五八年一月号)で、当時の労働行政当局はこう話している。

「朝早くから起きて夜遅くまで業務外の雑用まで引受け、主人とその家族とは別な食事をして、食費を差引かれたら手許にいくらも残らないという給料、しかも唯一の希望である『のれん分』という制度がなくなった条件の下では、年少者が商店から遠ざかるのは当然だろう」(『集団就職の時代』)

手許にいくらも残らない給料を貰い、彼らは働いていた。

ひたすら東京に憧れ、高卒で単身東京に出てきた菅にとっては少なからぬショックだった。

切り棄てられた大潟村

集団就職の時代と同じ頃、秋田で始められた一つの国家的プロジェクトについてここで紹介しておく。六四年に秋田県北部に、八郎潟を干拓して作られた大潟村が誕生した。その事業は「機械化一貫体制の大規模稲作を確立し、古い習慣に支配されない新しい農村を創り、将来のモデル農業・モデル農村とする」ことを目的とした、食糧増産のための国家的プロジェクトだった。多くの若者が家族と共に入植したものの、六五年頃からの米余り現象と後の減反政策で苦難に直面していく。

大潟村への第一次入植は六七年から始まり、七〇年の第四次まで連年続けられ戸数は四五〇戸に達した。しかし、米の生産調整による減反政策などの影響から、いったん入植中止の措置がとられ、七四年の第五次をもって打ち切られる。

最後の入植者一二〇戸に対しては、一戸当たり一五ヘクタールの耕地が配分されることになり、既入植者に対しても五ヘクタールへ増反措置がとられる。だが、その一方で水稲単作経営から田畑複合経営に計画が切り変えられ、さらに二五％の減反まで入植者は要求された。

一般に穀類を葉の青いうちに刈り取ることを青刈りというが、減反でコメの青刈りをせざるを得なかった悲痛な体験を、第四次入植者で新潟県十日町市出身の、現大潟村あきたこまち生産者協会代表・涌井徹はこう記す。

「私も自分の田んぼ六・四ヘクタールの青刈りを行った。収穫を一週間後に控えていたので、青刈りといっても籾はすでに黄色くなり、一見普通の収穫作業と何ら変わらない作業に見えた。手塩にかけた収穫直前の稲を、ある人は草刈機で刈り、ある人はトラクターで耕耘《こううん》し、ある人はコンバインで刈り倒していった。皆心の中で泣きながら、何でこんなことになったんだ、もうこんなことはやめよう、と思っていた。

だからといって、畑作物を満足に収穫できる自信は誰にもなかった。これからの経営をどのようにしたらよいのか。誰も有効な答えを持っておらず、そのことがよけいに入植者たちを苦しめた。とにかく今は、早く青刈りをしなければ田んぼをとられてしまう。田んぼの畦の上では、国や県の役人が面積を確認するためにスケールを持って立っている。役人というものは、こういうときにも実に正確に面積を測ろうとする。

わが家でも、私が青刈りをする様子を田んぼの畦の上で見ていた母と妻の顔は、涙でグシャグシャになっていた。

父は黙って見つめていた。農業に取り組んで四十年。これまで一粒でもよけいに米が収穫できるようにと頑張ってきた父である。その父の目の前で、収穫直前の稲が捨てられていく。どんな想いで見つめていたのかは想像するまでもなかった。家族で一番悔しかったのは、きっと父に違いなかった」(『農業は有望ビジネスである！』)

青刈りの当時は、明日に絶望した何人もの入植仲間が自殺したという。

減反をめぐり、当時国は「生産調整は『緊急避難』なのだから、二〜三年でまた米作りができる」と言って農家を説得した。しかしその言葉がその場しのぎの欺瞞《ぎまん》に過ぎなかったことは、減反がその後延々と続いたことからも明白だ。涌井らは、農協（JA）に拠らず、自主的に米の生産・流通・販売に乗り出す。その「自由米」は九五年、食糧管理法（食管法）に代わる食糧法が施行されるまで、「ヤミ米」と烙印《らくいん》を押され、国・地方自治体・農協から陰に陽にさまざまな圧力をかけられてきた。

とりわけ農協は時に、空にセスナ機、道路に大量の大型バスで一〇〇〇人以上のデモ隊を組織し、大音量で「減反に協力し、ヤミ米を出さないように」と流したこともあった。『米を作ってはいけない』などという法律はない」と涌井らは主張して農協と闘い続けた。その農協の独善的体質は今日まで、いったい何が変わったのだろうか、私はかなり疑問を抱いている。涌井は、菅と同じ四八年生まれである。

法政大学は学生運動の坩堝だった

一九六四（昭和三九）年開催の東京オリンピックを境に、日本は高度成長を迎えていた。地方からの出稼ぎ労働者はいくらでも必要とされたのである。

秋田県統計課（当時）の調べによると、五五年の出稼ぎ者数は一万二〇一四人だったが、東京オリンピック（六四年）関連工事の始まった頃から急速に増え出し、六五年には四万一八九四人と四万人台となる。七一年には六万三七四四人と急増し、その後七三年まで六万人台が続いた（『秋田県の百年』）。

これは農家一〇戸当たり五・四人の割合になり、秋の取り入れが済んだのち翌春まで老人・子供を除いて男手が消えてしまった村まであらわれる状況に立ち至った。この頃、春になると上野駅から東北方面へ向かう列車は、福島や仙台を過ぎると混雑も緩和され、車内のいたる所にワンカップの酒を手に訛混じりの大声で談笑する出稼ぎからの帰省者の姿が見られた。

「このまま一生終わるのは嫌だ」。漠然とした不安と焦りを感じるようになった菅は、アルバイトの傍ら大学への受験勉強を始めた。そして、通常より二年遅れで法政大学法学部に入学。そこを選んだのは学費が私立大学の中では安いこともあった。下宿は弟と一緒だった。菅は空手に打ち込み、一方で学費を稼ぐために皿洗い、ガードマン、新聞社の雑用係、カレー店の盛り付けなどのアルバイト生活を続けた。

六八年の米空母エンタープライズの佐世保入港への反対運動や、新宿駅の米軍ジェット燃料タンク車爆発事故（六七年）に端を発し、大勢の群衆が駅構内に乱入する「新宿騒乱」が起き、その燻《くすぶ》りが余勢となって続いていた。

六九年一月に全共闘を中心とした学生らによる東京大学安田講堂の封鎖を解除するために機動隊が出動したことを頂点に、「学費値上げ反対・大学解体・ベトナム反戦」などを掲げた学生運動の波は全国に広がった。

そのうねりは七〇年の日米安保条約自動延長をめぐる反対運動も刺激し、同年六月二三日の反安保統一行動には全国で七七万人が参加。一方、作家の三島由紀夫が東京・市ケ谷の自衛隊駐屯地で決起を呼びかけた後、割腹自殺（四五歳）を遂げたのも、この年である。

菅の入学した六九年当時の法政大学は、東京大学や早稲田大学などと並ぶ学生運動の拠点だった。

東京・市ケ谷のキャンパスの入り口に、ベニヤ板を張り合わせ、白い模造紙に赤いペンキで「エンプラ入港阻止」「11月佐藤訪米粉砕」「70年安保粉砕」「沖縄闘争勝利」などと書かれた立て看板が横に十数枚並び、講義棟などはバリケードが築かれ、「全学無期限ストライキ」によるロックアウト（締め出し）状態の騒然とした雰囲気だった。

中核派による革マル派活動家（東京教育大学生）のリンチ殺害事件が七〇年八月に起こったが、その場所が法政大学構内だった。この殺人事件は学生運動が退潮していく一つの原因と言える「内ゲバ」の起点にもなった。

世間を震撼させる事件もあった。七四年八月に三菱重工爆破事件を起こし、死者八名と多数の負傷者を出した東アジア反日武装戦線「狼」部隊のリーダー・大道寺将司は奇しくも六九年、法政大学に籍を置いていた。

法政大学は当時、市ケ谷（法・文・経済・社会・経営学部）と小金井（工学部）にキャンパスを構え、一部（昼間）・二部（夜間）を合わせた総学生数は約三万名に及ぶマンモス大学。

菅義偉と翁長雄志、因縁の対峙

菅が所属する空手部は、空手の有力流派の一つである剛柔流であった。法政の場合、一般にいう上意下達の右派的イメージの体育会系とは異なり、スポーツの同好会的な性格が強かったという。

当時、法政大学で学生運動に関わった元卒業生が語る。

「大学には、元法政大学総長でマルクス主義経済学の権威・大内兵衛や、やはりマル経の中心人物だった宇野弘蔵など著名な学者が在籍していた。〝貧乏人にも教育の機会均等を〟という校風があり、私学の中でも授業料は安かった。セクト（政治党派）で言うと、学部によって多少異なるが昼間部は主に中核派、夜間部は共産党系がそれぞれ学生自治会を握っていた。法政の大学当局は、自治会費が入るそのセクトを泳がせていたとも言えます。授業もままならない大学に、菅さんが何の疑問も抱かなかったとは思えない。特に菅さんの入った法学部の自治会を掌握していたのはプロレタリア軍団という、いわゆる極左のセクトです。少なくとも、菅さんは大学に一種のカルチャーショックを受けたのではないか」

菅は昼夜を分かたぬアルバイトで学費を稼いでいた。アルバイトに疲れ、一時は学生課に夜間部への転部を申し出たりもしている。自治会費はその学費に含まれる。ロックアウト状態の法政大学に入学した菅は、学歴とは別に自分の手足だけを頼りにこの社会に立つにはどんな生き方があるのかを、アルバイト帰りの夜更けの下宿で考えていたのではないか。もし四年間打ち込んだ空手がなければ、あるいは菅は法政に見切りをつけていたかもしれない。

一方、菅より二年遅く法政大学法学部に入ってきたのが、沖縄県立那覇高校出身の翁《お》長《なが》雄志《たけし》だった。翁長は一九五〇年生まれ。それから四三年後、沖縄県知事となった翁長は菅と沖縄・普天間飛行場の辺野古移設問題で対峙することになる。

翁長が法政大学の学生だった七二年五月、沖縄が日本に返還される。六九年一一月の佐藤（栄作）・ニクソン会談で、「72年・核抜き・本土並み」返還が決定され、七一年六月に沖縄返還協定の調印式が、首相官邸と米国務省を衛星中継で繋いで同時開催される。官邸の正面の席にはマイヤー駐日大使と愛知揆一外務大臣、その右側に佐藤総理が列席した。

しかし、当の沖縄県の屋良朝苗《やらちょうびょう》主席（六八年就任）は欠席する。その屋良に対し、沖縄と本土の自民党などから批判が相次ぐ中、屋良自身は「道のりはまだ遠くけわしい」（「朝日新聞」七一年六月一七日付）と語った。屋良は、終戦を前にした四四年一二月、沖縄師範学校女子部と沖縄県立第一高等女学校の教師・生徒で作られた女子学徒隊「ひめゆり部隊」で長女を失っている。

復帰したとはいえ、「核抜き・本土並み」は名ばかりだったように思う。後日明らかになるが、実際には米国側が要求する緊急時核持ち込みと基地自由使用を「密約」によって受け入れることで合意されたものであった（『沖縄現代史　米国統治、本土復帰から「オール沖縄」まで』）。

さらに、沖縄が「日本国の施政の下にある領域」になったため、自衛隊が配備された。在沖米軍基地を自衛隊が防衛し、米軍は外部への攻撃に専念するという役割分担に基づく共同作戦体制が確立したのである（『沖縄現代史　新版』）。

沖縄が日本になった日（七二年五月一五日）、翁長は遠い地の島々にどのような思いを抱いたのだろうか。

体制自体を変えなければ、社会は変わらない

中央線や総武線が目の前を行き交う法政大学の市ケ谷キャンパスを一歩外に出れば、学生運動の喧騒は遠のき、喫茶店には「フランシーヌの場合」（新谷のり子）、「禁じられた恋」（森山良子）、「山谷ブルース」（岡林信康）などのフォーク・ソングが流れていた。六〇年安保闘争から一〇年の歳月が過ぎようとしていた。

線路へ線路へと飛び降りる激しき群れにわれも混りつ

打たれたるわれより深く傷つきて父がどこかに出かけて行きぬ

恋愛は闘争からの逃避だと鋭き指摘、身に受けていいつつ

言葉交わせば傷つけあうしかない二人地下の茶房に向かい合いたり

四七年生まれの歌人・道浦母都子《もとこ》は、早稲田大学で学生運動に身を投じる。現代歌人協会賞を受賞した第一歌集『無援の抒情』で道浦は、運動の渦中で抱く一学生の葛藤と寂寥《せきりょう》感、つきつめた思いの果ての挫折とわかれを描いた。同歌集・新装版から前述の歌を抜粋した。

アルバイトづけの菅は、学生時代に何を感じたのだろうか。菅はノンポリ学生だったが、一般の学生と異なり、秋田の寒村出身で実家に頼らず自力で大学生活を送る彼が、校内の情勢に全く鈍感だったとは思えない。当時、学生運動の中では「権力」「反権力」という言葉がよく使われた。彼らの言う権力とは体制全般であり、不正と腐敗の象徴だった。しかし、すべての事象を権力の反動的行為のあらわれとだけ認識して、いったい何が解決するのだろうか。体制自体を変えていくプロセスを描けなかったら、この社会は何も変わらずに終わるのではないか。菅だけでなく当時の学生にはそんな問題意識を抱く者もいたように思う。

菅は後に政治家になった理由を、「社会は政治が動かしているから」と語っている。必竟《ひっきょう》、菅は政治にこそ権力が、社会を動かす力が存在しているということを法政大学の四年間で自分なりに感じ取ったのではないか。その政治を現実に生きた形で知らされたのは、卒業後にいったん籍を置く防災関連事業や電気設備工事を営む企業、建電設備（現ケーネス、東京都港区）でわずかな期間、働いてからである。当時、同社は建設省の天下りを受け入れていたという。

菅が嗜好品を扱う下町の小さな町工場で住み込みで働く中学の同級生を、たびたび訪ねたのもこの頃だ。その同級生は、菅の隣の集落の出身だった。彼の実家は豆腐の商いをしていて、朝の配達で余った豆腐を持ったまま登校したこともあった。

私が彼と会ったのは、下町の軒端《のきは》の灯りがひしめく込み入った一画にある居酒屋だった。もう酷暑の夏が始まろうとしていた。

「先輩から『女学生の前で小便をしてこい』と言われてさあ、それもしごきのうちなんだと」

いつも、坊主頭で詰め襟の学生服姿の菅はそう言って苦笑していたと同級生は回想する。深夜喫茶で菅と待ち合わせ、互いに腹が空くとカレーを頼んだ。菅は「俺、カレー屋でバイトしているんだ」と言い、スナックに入ると「俺、酒は飲めないんだ」とジュースを注文していた。同級生は東京では方向音痴になって道に迷うことが多く、そのことを菅にこぼすと、彼は「方向音痴は頭のいい証拠なんだよ。悩むようなことじゃない」と笑ってくれたという。

義偉は苦労のうえに、努力をした

小此木彦三郎衆院議員の秘書になってからの菅は逆に同級生にこうこぼしたそうだ。

「後援会には気性の荒い横浜の港湾労働者らがいてさ。俺は酒を飲めないが、そうもいかず、飲んでは吐いてを繰り返している」

同級生は昔を振り返って、私にこう語った。

「中卒で集団就職の連中は皆、苦労してきたと思う。俺は苦労はいとわない。俺の会社には東京の大学を出た上役がいてさ。中卒の俺はそいつに負けじと踏ん張ったよ。しかし義偉は、踏ん張っただけじゃない。苦労と努力はちがう。義偉は苦労のうえに努力をした。あの寡黙な義偉がこうなるとはとても想像がつかなかったが。義偉とは奥羽本線で一緒に秋田に帰ったこともある。彼は列車の中で網に入ったミカンを買ってくれるとか、何かと気がつくし、面倒見がいいんだ。あの気質は昔からだったな」

同級生は「努力」という言葉を何度も繰り返すのだった。そこに、中卒のハンディにめげず手に職をつけようと必死になってもがいてきた彼の半生を見たように私は思った。

浅草近くの路地裏に店舗を構える食堂の主人も、菅と小・中学の同級生だった。彼も集団就職で上京した経歴を持つ。午後遅い昼休みにのれんを取り込んだ食堂で彼と会った。

「横堀から乗った集団就職の列車は、ぎっしりとスシ詰め状態だった。たまに駅に停まるとホームに出てフーッと息を吸っていた。山形、福島を経て上野駅に着くまで一二時間ほどかかったよ」

集団就職列車は当時、「うえのー、うえのー」とアナウンスが流れる上野駅の一八番線ホーム（九九年廃止）に入るのが定番になっていた。

「俺は義偉の近所で育った。家は貧しくて、農耕仕事の傍ら稼ぎに出ている母親に早く楽をさせたいと思っていた。住み込みの食堂の親方は、一緒に上京した同級生と俺が外で遊ばないように、同級生を店に連れてくるようにと言うんだ。外で会うと、隣の芝生はよく見えるの諺《ことわざ》じゃないが、自分のところと外を比較して外の世界に憧れるようになると懸念したんだろう。ただ、上京した同級生らは一つところに落ち着かず、転々と職を変えている奴が大半だったなあ」

彼は仕事がつらく、親方に内緒で一人店を飛び出して街を彷徨《さまよ》い、帰らないこともあったという。彼は菅についてこう言った。

「義偉は昔から何かと他人をかばうところがあり、その分かばわれた側からすると応援してやろうと思わせる人間性があった。二年ほど前の大雪の降る晩のことだった。義偉と中学の同級生ら一五人ほどが赤坂の中華料理店に集まったんだ。義偉は官房長官だから忙しいだろうに、声をかけたらすぐに、『俺も行く』と言ってね。郷里が同じもんだから皆、喜び懐しんだよ。そこで、寡黙だった義偉には珍しく、手をグッと握りしめて、『俺が、安倍さんを総理にしたんだ』と言っていた。決して恩着せがましい言い方ではなく、自分がやり遂げたことを確認するような感じの言い方だったから、その言葉が忘れられない。人知れず努力したんだろうな義偉は、と皆で肯いたもんだ」

小此木彦三郎の秘書となる

菅が法政大学を卒業したのは七三年。その前年には田中角栄の『日本列島改造論』（日刊工業新聞社）が七〇万部のベストセラーとなり、七年あまりの長期に及んだ佐藤栄作政権は終わり、角栄が総理の椅子を射止めた。

角栄は雪深い新潟の寒村である西山町の農家に生まれ、馬喰《ばくろう》を父に持ち、尋常高等小学校卒業の学歴ながら独学で総理まで上りつめた傑出した政治家だった。世間は角栄の登場を「今太閤」と囃《はや》す。「雪というのはロマンじゃない。生活との戦いなんだ。地方分散、一極集中の排除というのは雪との戦いなんだよ」などと言い放つ角栄に、秋田の豪雪地帯で育った菅が親近感を抱かなかったはずはないだろう。『文藝春秋』七四年一一月号に立花隆のリポート「田中角栄研究─その金脈と人脈」が載ったのは、角栄が総理に就任（七二年七月）してから二年後のことだった。この間、菅は七三年に法政大学法学部を卒業し、前述の電気設備会社に就職している。都内に集団就職した菅の同級生は語る。

「俺たちは秋田出身だから、夜を徹して降る雪をなんとかしたいという角栄の切実な気持ちはわかった。でも、政治家として必要以上にカネを集めるやり方には反発を覚えたな。東京に就職した同級生らは当然のようにそう言い合っていた。義偉が角栄のことをどう思ったのかはわからないけど」

卒業を前に菅は「社会を動かしているのは政治じゃないか。政治の世界に身を置いてみたい」と思うようになった。一時は都内の電気設備会社に勤めたものの、政治に賭ける気持ちはつのるばかりだった。しかし、秋田から身一つで飛び出してきた彼に政治家とのつながりなどあろうはずがない。

そこで菅は、大学の学生課に掛け合う。学生課でも政治家への紹介の依頼など前代未聞のことだった。

結局、法政ＯＢ会を経て紹介されたのは法政ＯＢで法務、建設大臣、衆院議長などを歴任した中村梅吉（八四年没）の事務所だった。事務所で駆け出しの菅は元参院議長・安井謙の選挙の手伝いに回されもしたが、何も言わず懸命に動いた。「朝早く事務所の鍵をあけ、夜遅くまで働いた。若い者を育てようとする気風もあった」と菅は述懐する。

しかし、その中村は七五年に政界を引退。それを前に菅は、中村と同じ中曽根派の小此木彦三郎衆院議員のもとへ身を寄せることになる。小此木の門を叩いて秘書になったのは七五年、二六歳の時だった。

菅は、秋田とちがって、地縁・血縁など何もない横浜で一一年、秘書稼業を務めた後、横浜市会議員（二期）を経て、一直線に衆院議員をめざしていく。それまでの軌跡を二三年一一月の私のインタビューで菅は、こう語っている。

——菅さんの生まれ故郷は秋田でも指折りの豪雪地帯ですね。中学を卒業して東京へ集団就職する同級生も多かった。菅さんは高校までそこで過ごされた。集団就職で上京したという話もありますが、これは間違いですね。

「ええ。中学が一二〇人くらいで、その半分が中学を卒業すると東京に行きました。私は高校に進みましたから」

——菅さんの元同級生に聞いたら、集団就職列車に泣きながら乗る同級生を見送りに行ったこともあったと言っていました。辛い体験ではなかったんですか。

「いや、私は逆に羨《うらやま》しかったんですよ。私も農家の長男ですが、高校を卒業したら、半分くらいは農業を継ぐ。当時はそれが当たり前で、私の出身地は典型的な出稼ぎの村でした。私はそれが嫌で高校卒業後、東京へ出て来ました。東京へ行けば何かいいことがあると思って。ともかく早く田舎から逃げたかった」

父子の不和が解かれる

――東京に出て来て、いいことがありましたか。

「そんなに甘くないということがわかりました。東京には来たけれど、何をすればいいか、わからない。でも、食わなきゃならないから、いろんなアルバイトをやりました。一番思い出したくない青春ですね。二年間はそんな状態でした。

その後、勉強して法政大学に入るんですけど、入っても、状況は変わらない」

――法政は夜間ですか？　菅さんのお姉さんに聞いたら、「たしか昼だった」と言っていましたが。

「メディアで二つくらい、法政の夜間卒だと書いているのがありましたが、昼です」

――在学中も、やっぱり卒業したら田舎に帰って、農家を継ぐしかないと思っていましたか。

「そうです。だから、どうせ田舎に帰らなきゃならないなら、東京でもう少し遊びたいと。それで卒業して就職するわけですが、この時ですね。詳しくは思い出したくもないのですが、ようやく世の中を変えるには政治の世界に行くべきではないかと考え始めた。

でも、伝手なんかない。仕方なく法政大学のOB会事務局を訪ねて、『法政出身の政治家はいませんか』と聞くんです。そこからの縁で、小此木彦三郎さんの秘書として働くことになるんです」

——ゆくゆくは自分も政治家になってやるぞ、と。

「いえ、その段階でも政治家になれるとは思わなかったですね。だって、地盤も看板も何にもないわけですから……」

——では、まだ田舎に戻らなきゃならないと思っていたんですね。

「ええ。ところが、小此木さんの秘書として働いている時、たまたま野呂田《のろた》芳成《ほうせい》さん（衆院議員、秋田県能代市出身）だったと思いますが、選挙の応援演説で、小此木さんと私が秋田に行くんです。その時、小此木さんが突然、『おまえの実家に寄ろう』と。そして小此木さんが私の実家の両親の前で、『もう少し、彼を私に預けてください』と言うわけです。これで両親もなかなか帰って来いとは言えなくなり、私も腹を固めざるをえなくなった」

菅にとって東京は、思い出したくもない暗い記憶で埋められた都会だった。ザッコ獲りに興じた役内川の渓流、山菜取りで分け入った山の沢づたい、その郷里に帰ろうかと、思い悩んだ時は一度ならずあっただろう。しかし、父・和三郎に反発して出てきた手前、つきせぬ望郷の念は一人、じっと抑え込まなくてはならない。その心の葛藤は、集団就職で東京で働く同級生らと何ら変わるものではなかった。

秘書になった菅は、小此木の自宅の隣に書生のように住み込んだ。朝食を共にし、小此木に四六時中仕える。小此木は菅を一から鍛えた。ある時、車の後部座席にいた小此木が「おまえなんか出て行け！」と菅を怒鳴り、座席を足で蹴ることがあった。しかし、菅は秘書を辞めて出て行くわけにいかなかった。辞めることは秋田に帰ることを意味したからである。

しかし、長男として郷里に帰らず、このまま横浜にいていいのだろうか、と気持ちの揺らぐことはあった。その逡巡する気持ちが定まったのは、秋ノ宮に来た小此木が和三郎とタツに「もう少し私の事務所に置かせてください。ちゃんと育てますから」と、かしこまって頭を下げてからだった。和三郎が義偉との父子の長い不和を解いたのはこの時だった。

故郷で権力への野望を滾らせる

菅の横浜時代のことは後述する。菅が四七歳で衆院議員に初当選するのは九六年のことである。

戦後の日本社会が大きな曲がり角に差しかかった時期と言えるだろう。九五年一月に阪神淡路大震災が発生、八月に村山富市総理は戦後五〇年にあたり首相談話を発表し、「植民地支配と侵略につきアジア諸国にお詫び」を表明した。後に日米両政府が沖縄・普天間飛行場（宜野湾市）の返還で合意するに至るきっかけになった米海兵隊員三名による少女暴行事件が沖縄で起こったのは同年九月である。抗議の県民大会には復帰以来最大の八万五〇〇〇人が集まった。九六年一月には橋本龍太郎内閣が成立し、二年五ヵ月ぶりに復活した自民党から総理が誕生したことになる。

その頃のことだ。菅の郷里、横堀・役内川のほとりで、地元のアユを食しながら帰省した菅を囲む同級生の会が催されたことがある。そこで興に乗った同級生と菅の間でこんな会話が交わされた。

「義偉、これからがんばって総理になってよ」

「いやあ、同期当選組が約五〇人もいるんだよ。なれるかどうか、わからんよ」

「でも、週刊誌など雑誌の新人コーナーで義偉は目立っているじゃないか」

「まず俺はみんなと同じ田舎者だから、がんばらねばな」

菅は、地元で開く同級会や厄年の会などには必ずといっていいほど帰省し、「昔の仲間としゃべるのが何よりだな」と満面の笑みを浮かべていた。しかし、九六年当時の菅は自分を相手に印象づけるために「秋田県の農家出身」とアピールする一人の国会議員に過ぎなかった。

その後、政界で地歩を築いた菅は、第一次安倍内閣で初入閣し、総務大臣に就任。同級生はこの時も、帰省した菅に「総理大臣をやれや」と声をかけた。菅は答えた。

「幹事長を一度、やってみたいなあ」

自民党幹事長は党のナンバーツーとして、党の資金や選挙の公認権など絶大な権限を握っている。後の菅の師匠・梶山静六は九二年に宮沢喜一《みやざわきいち》総裁の下、幹事長に就く。

その梶山と敵対したのは野中広務《のなかひろむ》で、野中は森喜朗《もりよしろう》総裁のとき幹事長として采配を振る。しかも野中はそれ以前の小渕恵三内閣で官房長官を務めて「影の総理」と呼ばれ、長きにわたり小沢一郎の「宿敵」だった。菅は、梶山と野中という二人の卓越した幹事長経験者から、権力とは何か、権力を握るということはどういうことか、その真髄を習得してきたのではないかと私は思っているのだが、このことは後述する。

第一次安倍内閣で総務大臣になってからのことだ。ある同級生によると、義偉がいつ秋ノ宮に帰ったのか、子どもの頃遊んだ風景と変わらぬ水草の生い繁った役内川の堤防を、人知れず一人で散策していることがあったという。その時、菅は一人静かに権力への野望を滾らせていたのかもしれない。

第三章　小沢一郎と菅義偉

生活の党の小沢一郎代表に挨拶する（右から）菅義偉内閣官房長官、安倍晋三首相（2013年12月9日、国会内、時事）

横殴りの雪が降る中、山峡の険しい道をいくつものトンネルを抜けて走った。雪に埋もれた民家が点在している。私が向かうのは岩手県南西部に位置する沢内村《さわうち》（現西和賀町《にしわが》）だ。秋田県との県境に近く、岩手のなかでも豪雪地帯として知られる。

「故郷を顧みない小沢さんには失望した」

食品も扱う村の古びた商店前の広場に、ようやく小沢一郎の街宣車が着いたのは冬の陽もとっぷりと暮れ暗くなった夕刻過ぎだった。マイクを握った小沢は、五〇人ほどの聴衆を前に、息も白くガラガラ声で訴えた。

「強いものが強く、弱い者を切り捨てる政治はこのままではいらない。私は長く自民党にいました。二度自民党を引っ繰り返したが、その自民党は元の木阿弥に戻ってしまった」

二〇一四年の師走、安倍晋三政権（第二次）の総選挙。もはや少数政党となった

「生活の党」代表の小沢は必死だった。

「どんなに厳しい攻撃や誹謗《ひぼう》中傷を受けても、正しい国作り、野党再編のために邁進したい」

聴衆は、小沢の顔に目を奪われていた。無理もない。小沢は岩手県選出の国会議員でありながら、「これまで一度も、小沢一郎の顔を直に見たことがない」と言う岩手県民が少なからずいたからだ。小沢はおそらく、沢内村が自身の選挙区であっても、一九六九年の第三二回衆議院選挙で初当選以来、ほとんど足を運んだことがなかっただろう。

小沢は選挙戦序盤の一二月六、七日だけでも県内三〇ヵ所をこまめに回り、ビールケースの上に立って演説を続けた。これだけ地元を回るのは、新人議員時代を除けば初めてのことだ。小沢の地元・水沢市（現奥州市水沢区）の近郊ですら、聴衆の一人、七〇代の男性は「初めて生《なま》で一郎の姿を見た」と驚きの表情を見せた。小沢自身、対抗馬で西和賀町出身、藤原崇《たかし》候補（当時三一歳・自民）の足音に、それだけ危機感を覚えていたのである。

その小沢へ追いうちをかけるかのように、選挙戦の最終盤に奥州市に入り藤原の応援に立ったのが菅だった。

「小沢さんは、岩手の故郷が何百年に一度とも言われる大震災にみまわれたというのに、震災からしばらくの間、被災地に入ろうとしなかった。自ら故郷を顧みない小沢さんには失望した」

小沢が初めて岩手・三陸沿岸の被災地を訪問したのは、大震災から一〇ヵ月も経た二〇一二年一月のことだった。

菅は奥州市の目抜き通りに響くように声を張り上げた。

「私は、ここ（奥州市）から山を一つ越えた（秋田県）湯沢市の出身です。湯沢は私を高校まで育ててくれた故郷です。小沢さんはこの二〇年、政界の中心にいたが、なんとしてももう退場させましょう」

山一つ越えたとは奥羽山系のことで、県境の山々を挟み、岩手県南の奥州市と秋田県南の湯沢市はそれぞれほぼ反対の位置にある。結局、この総選挙で小沢はかろうじて当選したとはいえ、その凋落《ちょうらく》は目を覆うべくもなかった。

得票数を見れば、かつての「小沢王国」岩手の衰退ぶりは一目瞭然だ。前回（一二年一二月）は、小選挙区制が実施された一九九六年以降、初の一〇万票割れとなる約七万八〇〇〇票、今回（二〇一四年一二月）はさらに減らして約七万五〇〇〇票。比例復活した自民党若手・藤原崇との票差は、前回は約三万票、今回は約一万七〇〇〇票にまで縮まった。

私が本格的に小沢一郎の取材を始めたのは、一九八九年だった。

この年の八月、小沢は四七歳にして自民党幹事長に就任した。それから二〇年以上にわたる平成政治史において小沢は、時に政権与党の影の支配者、時に最大野党のリーダーとして政局の中心にいて影響力を行使し続けてきた。

小沢一郎

その小沢の存在感が、前述のように一〇万票の得票を初めて割った二〇一二年の総選挙を分岐点に急速に色褪《あ》せていった理由については後述するが、小沢の後退と対照的に政権中枢へのし上がってきた実力者が菅義偉である。

菅は一五年一二月、第二次安倍政権で官房長官に就いてから四年目に入ったものの、彼を形容する言葉は、「安倍官邸を牛耳る男」「軍師」「汚れ役」などと尽きない。菅義偉という政治家はどのように力をたくわえてきたのだろうか。

奇しくも、菅と小沢は秋田と岩手という同じ東北地方の雪国を故郷に育った。菅は終戦から三年後、一九四八年一二月生まれの六七歳、小沢は戦時中の四二年五月生まれで七三歳と六歳の差がある。時代背景は戦中、戦後と異なるものの、二人の来歴を対照させてみると、炙《あぶ》り出されるものがあると私は思っている。

角栄と小沢の権力

自民党結成六〇年の歴史の中で、田中角栄の登場は異彩を放っていた。角栄が『日本列島改造論』を引っ下げて、安倍総理の祖父・岸信介の系譜に連なる大蔵官僚出身の福田《ふくだ》赳夫《たけお》を総裁選（七二年）で破ってから、日本の政治は角栄の独壇場だった。その頃は、秋田から単身上京して法政大学に入った頃の菅の青春期とも重なる。菅にとって、角栄は同時代の政治家だった。

「新潟の雪をなくすためにどうするか。三国峠の山を削って平らにする。土は海に埋めて佐渡と陸続きにすればいいッ!」

その角栄の演説は、学歴とて尋常高等小学校という彼の類稀な人間性を物語るものとして、つとに知られる。菅自身、角栄を自分の境遇と重ね合わせたことが何度もあったのではないだろうか。菅は「角栄の言動から、あの閉ざされた雪国をなんとかしたいという切実な思いが伝わってきた。角栄は親父(菅和三郎)も好きだった」と語る。

その角栄は、総理を失脚し、ロッキード事件で自民党籍を失った後も、「闇将軍」として政界に君臨する。「人は誰しもできそこないだ。しかしそのできそこないを愛せなければ政治家は務まらない。そこに政治の原点があるんだ」。人の世の裏も暗さも舐《な》めつくした言葉を発する角栄に、あまたの政治家が引きつけられた。角栄政治は彼の持って生まれた人間性に負うところが多分にあった。

その角栄に背き、派中派・創政会を立ち上げたのは竹下登《たけしたのぼる》、金丸信《かねまるしん》や、小沢一郎と菅の師・梶山静六らの若手たちだった。小沢と梶山は角栄への反旗を翻《ひるがえ》す立て役者となり、弓を引かれたことに怒った角栄は脳梗塞に倒れて、その政治生命が断たれる。その後、竹下は経世会を結成し、小沢が自民党幹事長に就いたのは八九年だった。

小沢が徹底したのは数の政治だ。九一年の総裁選で出馬表明していた自民党の実力者だった宮沢喜一、渡辺美智雄《わたなべみちお》、三塚博《みつづかひろし》と小沢が、自身の永田町の個人事務所で面談するという場面は、数の政治に驕《おご》る小沢の傲岸ぶりを如実に物語った。

小沢を増長させたのは経世会の派閥政治だった。主流派閥・経世会に逆らえばポストにありつけないという恐怖支配が続く。その経世会が金丸信の失脚に伴う会長の座の跡目争いで分裂。小渕恵三が後継会長に就くと、経世会は平成政治研究会（後に平成研究会）と名を変え、一方の小沢は政党の合従連衡《がっしょうれんこう》を繰り返すことになる。

経世会の分裂劇の中で、梶山は小沢の独断専行に耐えかね対立、それは「一六戦争」と呼ばれた。

その梶山自身が、菅を引き連れて旧態依然の派閥政治を繰り返す平成研に造反し、総裁選に出馬したのは九八年のことだった。

一方、野中広務を中心に小沢への追撃は続く。小沢が関わる権力闘争が終焉《しゅうえん》するのは、民主党の分裂と、その狭間で世に出た小沢夫人・和子による「離縁状」が引き起こした小沢自身の信用失墜によってだった。菅はかねてより雑誌で「(民主党は)最高権力意思決定者は小沢一郎民主党幹事長である。きわめていびつな政権というべきだろう」と、小沢民主党を攻撃していた。その菅が立て役者となって、安倍自民党が政権に返り咲くのは一二年一二月である。

このように、自民党六〇年目の官房長官・菅の来歴を辿る時、田中角栄と小沢一郎、梶山静六と野中広務の存在と、権力の変遷を抜かすことはできない。菅は、小沢一郎という人間について、こう語ることがあった。

「小沢さんは土の匂いがしない。地中を衝《つ》いて中からムクムクと出てくるバッケ(蕗《ふき》の薹《とう》)のような匂いがないんです。東京で育った人だ。故郷の岩手が、あの人からは感じられない」

同じ東北出身の菅と小沢の本質的なちがいはどこにあるのだろうか。

菅義偉という政治家は、角栄政治と小沢時代の延長線の「その先」に輩出されたように思う。平成に入って自民党幹事長に就いてからの小沢は徹底した「数の信奉者」として権力中枢に居座る。そこには角栄が皆を魅了したような、苦労に裏打ちされた人間性は感じられなかった。小沢の人間性と派閥支配には必ずや限界が訪れるということを菅は早くから見抜いていたのではないだろうか。角栄と小沢は、今の菅を築くうえでの、政治の「反面教師」だったのかもしれない。しばらく、角栄と小沢の権力はどのように形成され、瓦解したのかについて記すことを容赦願いたい。

高校生の小沢と六〇年安保

小沢一郎は一九四二(昭和一七)年五月、東京・下谷《したや》区御徒町《おかちまち》で生まれた。その時、父の佐重喜《さえき》はすでに東京府議会議員で四三歳、母・みちは四一歳。二人にとってはなかば孫のような長男だった。

四五年三月、みちは二人の姉、そして小沢を連れて佐重喜の故郷である岩手県水沢市（現奥州市）に疎開している。東京大空襲から逃れてきたのだ。みちは途中から、石ころや雑草だらけの田舎道を難儀しながらリヤカーを引いて来たという。二歳になるかならないかの小沢はリヤカーに乗せるか、みちが背負うしかなかっただろう。佐重喜が水沢に来たのは、終戦を迎えた後の秋だった。

その翌四六年四月、佐重喜は衆院選挙に出馬して当選。そして二年後の四八年には第二次吉田茂内閣で運輸大臣に就任しているのだから、小沢は物心ついた時には、すでに「代議士の子」、もしくは「大臣の子」だったことになる。ある逸話が残っている。

小沢が水沢の小学校二年の時だ。転校生が小沢にこう言った。

「小沢君はいいな。お父さんが大臣だもんな」

この時、佐重喜は逓信大臣だった。

小沢はむきになって反発した。

「そんなことを言うな！　A君のお父さんは郵便局、僕のお父さんだって、それと同じだ。皆のお父さんと同じだ」

小沢は、好むと好まざるとにかかわらず、幼少年期から政治家の息子であることを宿命づけられていた。そこが秋田の農家出身の菅とは決定的にちがう。小沢が世襲の二世議員として立候補するのはしばらく後のことになる。

小沢の郷里・水沢の街から見上げると、奥羽山脈に連なる焼石連峰の残雪は春になっても消えることがない。その麓を走る国道三九七号線は、西は秋田県との県境まで延び、その先は菅の出身地・湯沢市まで繋がっている。逆にその国道を東に向かい北上山系を越えると、東日本大震災で被災した三陸海岸のひとつ、大船渡《おおふなと》に着く。岩手県南の盆地に位置する水沢の積雪量はさほど多くない。同じ奥羽山脈の麓でも、菅の豪雪地帯の農村とは比べようもない。

小沢は中学二年の三学期を最後に水沢を離れ、佐重喜の住む東京・湯島から子どもの足で二〇分程かかる第六中学校（文京区）に転校。いわば岩手の優等生だった小沢は、都立小石川高校に進学する。その三年生の時だ。佐重喜が岸信介内閣の安保特別委員長だったことから、小沢は戦後最大の騒擾《そうじよう》といわれる六〇年安保に遭遇する。言うまでもなく、岸は安倍総理の祖父だ。

湯島の小沢邸にもデモ隊が押しかけた。赤坂のホテルに避難を求める警察に対し、高校生の小沢は敢然と猛反対した。その時の小沢の弁はこうだ。

「安保条約は、日本の安全保障のため是非必要である。そのためにこそ、父は生命をかけてこの条約の改正は成し遂げなければならないと決意を固め、特別委員長としてやっているのだ。国のために正しいことをやっているのに、無謀なデモの暴力から、一時とはいえ逃げるような行為は納得できない」（『人間小沢佐重喜』）

小沢が政治をめぐって初めて自己主張をした瞬間だった。その小沢が岸の孫である安倍晋三と因縁の対立とでも言うべき関係になるのは、ずいぶん後のことだ。

佐重喜が、心不全で死去（享年六九歳）したのは六八年だった。当時小沢は、小石川高校から慶應義塾大学を経て日本大学大学院で司法試験の勉強をしていた。佐重喜の死後、紆余曲折の末、結局後継候補は息子の小沢に決まる。小沢二七歳の時だった。

角栄を後ろ盾にした小沢

しかし、水沢を中心とした旧岩手二区で小沢と対立する相手は、戦前の満州時代から岸信介と盟友のエリート官僚で、戦後は佐藤栄作政権のもとで外務大臣と通産大臣を歴任してきた自民党切っての大物・椎名《しいな》悦三郎《えつさぶろう》だった。いくら佐重喜の地盤があるといはいえ、生半可な覚悟では勝てない相手だった。

さらに小沢は中学三年から東京育ちのため知名度は皆無に等しく、自民党岩手県連の公認もままならなかった。そこで佐重喜の後援会員らはバス四台で上京して目白に行き、角栄との直談判に及んだ。

角栄は後援会員らを前に、「ヨッシャ、一郎は俺が預かる」と約束する。

この時の角栄との出会いが、小沢の運命を決定づける。角栄を背にすることで、小沢は世襲候補に欠かせない「地盤」「看板」「カバン」の三つを手に入れたも同然だったからである。

その時の小沢の印象を、角栄の大物秘書だった榎本敏夫《えのもととしお》は私にこう語った。

「一郎君の第一印象は〝純真〟だった。私は佐重喜先生のことも知っているが、非常に苦労人。派手っ気はないが、国会が混乱しそうになると、『小沢佐重喜はいるか』と名前が上がるくらい頼りにされていた。それだけ腹を括《くく》っている人でした。息子の一郎君が目白に来た時は選挙まで時間がなかったんです。とにかく選挙で佐重喜の後援会を動かすにはオヤジのバックアップがほしいということでした。一郎君は偶然にもオヤジが数えの六歳で亡くした息子（長男・正法《まさのり》）と同じ年齢で、『ヨッシャ、一郎は俺が応援してやる』と決めたんです」

小沢にとっては十数年ぶりの故郷・水沢だった。初陣《ういじん》となった六九年の総選挙は年の瀬も押し迫った時期で、水沢も例年に増して大雪に見舞われた。自分自身の選挙だけに小沢も必死だった。

水沢から大船渡など三陸沿岸の選挙区に至る国道三九七号線を、小沢を乗せた故・佐重喜の元秘書が車で走行していた時のことだ。途中、北上山系の峠となる高原を越えなくてはならないが、折から横殴りの雪に遭遇し、吹雪になった。フロントガラスに激しく叩きつける風雪で前がまったく見えなくなり、車が立ち往生する。

するど、小沢はすぐさま自動車から飛び出し、雪で頭や服が真っ白になるのもかまわず、前に立って「オーライ、オーライ」と大声を上げて車を誘導し出したという。元秘書が打ち明けた。

「あの雪をかぶった一郎の姿は忘れねえ。あの時はまだ、歯を食いしばってでも、自分で何とかせねばならねえという気持ちがあった、一郎に」

こんなこともあった。

「夕飯時に農家さ一郎を連れて行くと酒を出されてな。一郎が、『いや、いや』と手を振って断ると、『おらの酒が飲めねえのが』と絡まれる。一郎も酒が嫌いじゃないから飲み過ぎて、田圃の畦道に吐いては、水を飲みながらまた家々を回ったもんだ。夜遅く酔いつぶれた一郎を連れて水沢の家に帰ると、母親のみちさんは『酒で一郎が殺されるのではないか』とオロオロしていた。

みちさんは四〇歳を過ぎてからできた長男の一郎を猫かわいがりして育てたため、佐重喜さんが亡くなってからも一郎の将来を案じて選挙に出したくなかった。

でも、後援会から『佐重喜の票がなくなってもいいのか』と小言が出てね。三陸海岸の漁港では、気性の荒い漁師から、『おやじとおめえ（一郎）はちがう』と絡まれたこともあった」

無理もない。世襲とはいえ、東京から十数年ぶりで落下傘のように戻って来た小沢への風当たりは強かった。

世襲議員と徒手空拳の若者

佐重喜の後援会幹部は、夜の選挙事務所で、みちが申し訳なさそうに身を屈《かが》めて、小沢に寄り添っている姿を見ていた。戻ってきた運動員たちは皆同じように握り飯を手づかみでほおばっていたのだが、みちは小沢にだけはウナギの蒲焼きを食べさせていたのである。水沢での少年時代はもちろんのこと、佐重喜が生きていた頃に、みちは人前で小沢を特別扱いして躾《しつ》けたことはなかった。それだけに記憶に残る場面だったという。その一方で、小沢が少なからぬ後援会員から「ぼんぼん」

と侮《あなど》られていたのも事実だ。

水沢の農家の生まれから身を起こし、馬車引きをしながら苦学して東京市会議員から衆院議員、そして建設大臣などを歴任した父・佐重喜に比べたら、当時の小沢の姿は典型的な二世議員候補と言うしかなかったのである。

総選挙の結果は、小沢が七万票以上を取ってトップ当選。父の弔《とむら》い選挙で同情を誘ったこともあるが、角栄の応援を受けて、小沢自らが選挙区を駆け回り、ただ唯一の利点である若さを訴えたことが大きかった。角栄は、佐藤栄作政権の幹事長として仕切ったこの選挙で当選した梶山静六、小沢一郎、羽田《は》孜《たつとむ》らをことのほかかわいがり、彼ら六九年の当選組も「田中の初年兵」を自任した。

小沢は角栄のもとに通いつめた。その当時のことを、角栄の秘書で金庫番であった佐藤昭子が書き残している（『新潮45別冊』二〇一〇年四月号）。小沢は一四歳年上の昭子のことを「ママ」と呼び、昭子は小沢を「イッちゃん」と呼んでいた。

「初当選以来、イッちゃんは夕方5時ごろになると『おばんです』と言って、毎日のように田中事務所に顔を出した。『こんばんは』でもなければ『こんにちは』でもない。水沢の田舎弁そのままで、『おばんです』。

おやじも自分の死んだ息子（長男・正法）と同い年なので、その生まれかわりぐらいに思っていたのかもしれない。イッちゃんを見ると、

『お、来てるのか。中へ入って一杯飲もうや』となる。

するとイッちゃんは、

『おやじさん、おやじさん』

とチョコチョコ付いて行って、一緒に話をしていた。

今、イッちゃんと民主党は官僚廃止とか政治主導とかやっているが、

『おやじさん、大臣や総理大臣の秘書官は、勉強させるために1年生代議士を使うべきだ』

などと当時から田中にははっきりと主張していた」

当時、角栄は想像を超える多忙な幹事長だった。日に一度は国会近くの平河町に

ある砂防会館の事務所に立ち寄るとはいえ、それを見計らって待ち受けている来客が絶えなかった。そんな忙しいさなかでも、小沢が来れば膝をくずし二人でしばらく話をしていたという。

小沢が二七歳で国会議員のとば口に立った頃、湯沢の高校を卒業した菅は秋田から単身、出稼ぎのごとく東京に出て、皿洗いなどのアルバイトを繰り返していた。菅が隣県出身の小沢の名前をいつ知ったかはわからないが、政治家になる地盤はおろか、まったくの徒手空拳であった菅にしてみれば、小沢はある意味で仰ぎ見る存在だったのかもしれない。

だが、幼少時代は岩手で育ち、東京に転校した後、日大大学院で司法試験をめざした小沢は、社会経験というものがまったくなかった。浮き沈みの激しい世間の荒波を裸一貫でのし上がってきた角栄は、小沢にすれば対極とも言える存在だった。地べたを這いずり回るような苦労を味わって、世間の裏も暗さも知りつくしたという意味では、菅の青春のほうが角栄に近いだろう。

小沢の複雑な家庭事情

一年のうち、三分の一を豪雪に閉ざされる角栄の故郷越後の冬と秋田の菅の郷里の風景は似ている。角栄の原風景には、寝る間も惜しんで働きづめの母・フメのモンペ姿があった。角栄は『私の履歴書』の中でこう書いている。

「私の母は朝、真っ暗なうちから起きて、たんぼにはいって働いている。牛や馬の世話もある。毎日、仕事の連続だ。（中略）私が夜、目をさまして手洗いに行くと、母はいつも何か仕事をしていた。『おかあさんは、いったいいつ寝るのだろうな』と不思議に思った。また絶対にぐちを言わない人だった。子どもにも仕事を手伝えと決して言わず、こちらが自分から手伝うまでは、一人でことこと働いていた」

豪雪地帯の貧しい山峡の村に育ち、辛酸を舐めて這い上がるようにして総理の座まで上りつめた角栄と、水沢で物心ついた時にはすでに「大臣の子」だった小沢とでは、生い立ちがあまりにもかけ離れている。

ただ母親に寄せる思慕は角栄と小沢の二人に通じるものがあった。しかも、小沢の場合そこに他人にうかがい知れない家庭事情も加わる。実は、小沢の二人の姉は佐重喜が、みち以外の女性に生ませた子だった。つまり、小沢だけがみちの実の子なのである。そのことを小沢がいつ知ったのかはわからないが、小沢の中で佐重喜に反発心を抱く一方、三人の子を分け隔てなく育てたみちに、よりいっそう親子の情愛を深く寄せたのは想像に難くない。小沢自身、こう言い放つ。

「うちの親父はやるだけやったさ。俺、死ぬ前に親父に言ったもの。『やりたいことやって、したいことして』と言ったら、『そうだな』と言ってた。そりゃ、水呑み百姓から大臣やって、残るは総理大臣をやらなかっただけだから、本望だろうな」(『小沢一郎・全人像』)

さらに、自分の生い立ちをこう語る。

「俺は二代目だがね。たいがいの二代目、三代目は田舎で育ってないでしょ。しかし、俺は中学三年までいたからね。人間形成に一番大事な時にね。それに、親父もお袋も、年齢がものすごく離れていた。俺はお袋の影響を受けているけど、親父も

苦学立行の型破り。俺も同世代とは変わっているかもしれん。その二つが皆とちがう」（前掲書）

しかし、岩手で中学二年の終わりまで育ったとはいえ、小沢には角栄や菅のような土着の匂いが感じられないのである。小沢は田舎で育ったから単なる世襲議員と自分はちがうと言わんとしているようだが、他の同級生と同じように水田を這いずり回るような農耕仕事に駆り出されたわけではない。むしろ、一三歳で東京へ転校したことが小沢の故郷への意識を中途半端にしたと思う。

故郷の人すら切り捨てる

小沢にとって郷里は、何より母親・みちが住んでいるからこそのものだった。小沢は常にみち一人の身を案じていたからだ。ところが初当選から四年後の一九七三年、新潟の中堅ゼネコン・福田組社長（当時）・福田正の長女・和子と結婚し、水沢にみちと住まわせるようになってからは、小沢は当選二回目にして郷里を顧みる

ことがなくなっていく。さすがに、本人に諫言《かんげん》したほうがいいと考えた後援会幹部が、

「一郎、水沢さ帰ってきて、皆に顔見せねば駄目だ」

と言ったところ、小沢は一言も返さずに、不機嫌な顔をしてプイッと横を向いてしまったという。

そんな小沢の冷淡な態度に腹を立てた後援会員らから不満をぶつけられたみちは、身を竦《すく》めるようにして取りなすのが精一杯だった。

「将来、偉ぐなって総理・総裁となるためには、選挙で全国の応援に出なくてはならねぇということらしい。なんとか堪《こら》えて、一郎を当選させてもらえねぇが」

小沢に面と向かって意見した先の後援会幹部は言う。

「本来なら、一郎さ『地元さ帰って来い』と言うべきなのは、俺らではなく、みちさんだ。ところが、みちさんは一郎さ意見しねぇんだよな。一郎を溺愛していたからな」

みちは、小沢が幼い頃、佐重喜のいる東京と水沢を行き来してあまり一緒にいて

やれなかったことに加え、佐重喜の地盤を守るために後を継がせてしまったという負い目が心の奥底にあったのだろう。

私は、ここに小沢という人間の未熟さを見てしまう。世襲議員として最初から敷かれたレールに乗ることへのある意味、羞恥の感覚を何ら感じさせないばかりか、気に入らないと自分を育ててくれた郷里の人々でもすげなく切り捨てる。郷里の人々は小沢の選挙マシーンではない。中学三年から東京育ちという来歴が小沢を甘やかしたのかもしれないが、後に小沢が瓦解する理由もその傲岸不遜に潜んでいたのではないか。

息子を溺愛する母、数えの六歳で亡くした長男の姿と小沢をダブらせる角栄。これが小沢の原点にあった。

一方、出稼ぎの季節になれば、村にいるのは老人と子どもの姿だけで、男手は正月三が日も汽車賃がもったいないからと帰って来ないような貧しい農村地帯。その郷里に帰りたくとも帰れないなら、菅は大都会の波に揉まれて這い上がるしかなかったのである。

人間はカネだけでは動かない

六三年一月、大雪が新潟を中心に日本海側を襲った。世に言う「三八豪雪」で、山間部の雪は三メートルを超え、死者は約二三〇人に及んだ。「雪は何万年も昔から降っている。春になれば溶ける」と言って村の人々の陳情に取り合わなかった中央官僚に対し、当時大蔵大臣の角栄は「雪は災害である」と言い放ち、援助を認めさせたという。

その角栄は、小沢を引き立てた。

小沢は七五年の科学技術政務次官を皮切りに、七六年に建設政務次官に就任。八〇年には木曜クラブ（田中派）の事務局長となり、先輩、同僚・後輩議員たちの人柄や得意分野からカネ回りに至るまで否応なく知ることになる。さらに八二年には、候補者の公認選定など選挙を仕切る自民党総務局長に就任し、権力の階段を上っていった。

この時、小沢はまだ四〇歳だった。このポストで統一地方選（八三年）・参院選

（同）・総選挙（同）の三大選挙をすべて経験できたことは、小沢にとってことのほか得難いものだった。こうしたポストを与えることで、角栄は小沢に何を教えようとしたのだろうか。角栄の元秘書は語る。

「オヤジは肩書を付けてやることで、一郎にチャンスを与えていたんです。木曜クラブ事務局長になるというのは、派閥のカネが入っている口座の通帳と印鑑が、小沢一郎名義になるということなんです。総務局長にしたのは、一郎を全国の選挙区事情に精通させるためでもあったでしょうが、一番大きかったのは選挙に関するカネを握る立場を任せたということです。これらのポストは、政治家の生殺与奪の権を握っているんです。

しかし、問題はそこから先です。派閥のカネを握ることは権力を掌握することですが、それと同時に、人間はカネだけでは動かないということをオヤジは教えたかったはずです。それこそが主眼でした。今にして思えば、そのチャンスを一郎が自分の努力で活かすことができたのかは、かなり疑問ですが」

小沢の初入閣は八五年、第二次中曽根内閣の自治大臣・国家公安委員長だ。小沢本人に言わせれば、「年が若かったからポストをもらえたのは一番最後だった」となるのだが当選六回・四三歳の大臣なのだから、決して遅くはないだろう。

むしろ、小沢本人が自分を、「岩手の故郷と永田町、社会としてはその二つしか知らないで来た」(『語る』)と吐露しているように、ここで社会からまったく揉まれる経験なくして大臣に就いたことで自分を顧《かえり》みる機会を失いつつあることに気づくべき時だったのかもしれない。しかし、そんな虚心坦懐な姿勢は、当時の小沢に望むべくもなかった。

一方、菅は前年(八四年)六月、小此木の通産大臣秘書官に就く。小此木の秘書になって一〇年になろうとしていた。ちなみにその小此木が横浜市議を経て旧神奈川一区から衆院議員に初当選したのは、奇しくも小沢が旧岩手二区から初出馬した六九年のことだ。小此木は中曽根派や渡辺(美智雄)派に属し、第二次中曽根内閣(八三年)で通産大臣、竹下改造内閣(八八年)では建設大臣を務めた。自民党国会対策委員長、衆院議運委員長なども歴任し、党内でも指折りの議運・国対族として知られた。派閥はちがうが、茨城出身の梶山静六とは古くから盟友関係にあった。

小此木は、前述したように秋田の菅の郷里に出向いた際、菅の両親に「もう少し、息子さんを私の事務所に預けてください。ちゃんと育てますから」と頭を下げて直談判していたが、小此木はその菅に大臣秘書官という肩書を付与することで政治家としての地歩を築かせ、和三郎との積年の約束を果たそうとしたのである。

小此木は、秋田から出てきた寡黙な菅をことのほかかわいがったという。

小此木の秘書になった当時、菅は小此木事務所の七番目の秘書として一番若手で雑用に走らされるような立場だった。しかし、じきに頭角をあらわし、小此木は古手のベテラン秘書を差しおいて菅を通産大臣秘書官に抜擢したのだった。

人を信じることができない小沢

一方、改めて遡るに、小沢の後ろ盾の角栄は七二年、五四歳にして総理の座に就く。この時、角栄の母・フメが語った言葉は、よく知られている。

「総理大臣がなんぼ偉かろうが、あれは出かせぎでござんしてね。アニ（角栄）もそう思うとります……」

しかし、角栄の総理の絶頂期は長くは続かなかった。ファミリー企業を操った「金脈」が明るみに出て世間の指弾を浴び二年五ヵ月で失脚、さらに角栄の運命は暗転していく。

総理の辞任表明から一年八ヵ月後の七六年七月、角栄はロッキード事件の発覚により外為法違反容疑で逮捕される。そして八三年一〇月、東京地裁は角栄に懲役四年・追徴金五億円の実刑判決を下した。

だが、角栄の真価が発揮されたのは総理に就いていた時ではない。ロッキード事件で逮捕されて、自民党籍を失いながら一〇〇人以上の最大派閥（軍団）を率いる闇将軍として君臨していた間だ。角栄はキングメーカーとして政権を裏から支配した。まさに数は力だった。田中派の意向なくして政権を担うことは、事実上不可能だったのである。

同時に、それは小沢の不幸でもあった。闇将軍・角栄が握る権力は決して正統なものではない「裏支配」であったにもかかわらず、それが必然であるかのような派閥支配の揺り籠《かご》の中で、小沢は角栄の秘蔵っ子として頭角を現し、その角栄の背中越しに権力を操る術《すべ》を覚えていったからだ。

その一方で、長年にわたり田中派から総裁候補を出していないことに、若手を中心に不満が鬱積していた。裏から政権を支配しているといっても、やはり閣僚ポストは少なかった。

そして、ついに八五年二月、金丸信と竹下登らによって派中派「創政会」が結成された。角栄は激昂する。ただの勉強会と思っていた創政会が、実質的に派閥乗っ取りのクーデターであることを知ったからだ。角栄にとって、創政会旗揚げは裏切り行為以外の何ものでもなかった。なかでも前述したように幹事長の角栄が初当選させた梶山静六、小沢一郎、羽田孜らが参加していたことが角栄の焦燥感を倍加させた。小沢はこう語っている。

田中角栄

「（創政会旗揚げは）そりゃあ大変ですよ。おやじは怒っちゃったんだから。それはもう死にもの狂いになっちゃった。我々はクーデターだと言われた。政治的な死刑判決のように受け止めていたんですね。田中のおやじは、たしかに苦労人かもしれない。苦労人というのは最終的に人を信用しなかったと思う。他人を信用していたらのし上がることなんかできっこない。田中のおやじには、限りなく魅力があるけど、最終的には人を信用しなかった。うちの死んだおやじも同じです。苦労し過ぎているからそうなってしまうんですね」(『小沢一郎政権奪取論』)

最終的に人を信じられなかったと、角栄への不信を露にする小沢。裏返せば、小沢自身も角栄を信じられなかったということだろう。

しかし、「苦労し過ぎたから人を信じられない、人を信じていたらのし上がることはできない」――この小沢の言葉に、私は世間知らずだけでは片づけられない、ある種の虚しさを禁じ得ない。角栄と佐重喜という「二人の父親」にかける言葉としてはあまりに居丈高だろう。

角栄と佐重喜は共に貧しい農家の出身だった。まさにのし上がるためにあらゆる努力をした。誰であろうと人の心を掴むことに腐心したのが角栄だ。その人生すら、夜間学校で眠気を覚ますため製図用の尖《とが》った鉛筆の先を手のひらに当てながら建築や土木を学んだように、ずっと独学だった。市井の人々、弱い立場の人たちの生活を知ることこそ政治の原動力だと身をもってわかっていた。

角栄は最後まで小沢のことを信じていたはずだ。市井には辛酸を舐めるような経験をした人は限りなくいる。その人々は人を信じないのだろうか。そうではないだろう。それに比して、岩手と永田町しか知らない小沢には、言葉にしうるいかほどの苦労があったのか。人を信じることができないのは、小沢のほうではなかったか。

小沢の致命傷となった妻・和子の手紙

角栄の政治生命が事実上絶たれてしまうのは創政会結成から二〇日後のことだった。脳梗塞で倒れて東京逓信病院に緊急入院し、言葉を失ってしまったのである。

その直前まで角栄は朝からオールドパーを呷《あお》り、秘書の昭子にだけは本心を隠さずに語っていた。
「竹下の反旗はどうでもいい。そんなものは潰せばいい。一郎だ。一郎は目白に来ないのか」

角栄にとっては創政会が結成されたことよりも、小沢が自身の懐から飛び出したことが痛恨事だった。しかし、小沢が角栄のもとへ帰ることは二度となかった。

その後、角栄が倒れたことによって創政会は解散。新たに経世会が結成されて、後継者は竹下に決まった。そして、中曽根総理の裁定により、後継総理の座に竹下が指名された。

竹下は任期が一年七ヵ月で終わった総理辞任後も、金丸、小沢と共に、裏で時の総理を操る権力の二重構造を敷く。院政支配だった。その支配下で生まれた海部俊樹政権の八九年、小沢は四七歳にしてついに幹事長に就いた。この幹事長就任時こそ小沢の絶頂期だったのだろう。小沢にとって政治とは、数の力で権力を奪い取ることがすべてだった。「数の信奉者」として権力闘争で相手を倒すか否か、それが政治だった。

九二年に発覚した金丸信への東京佐川五億円ヤミ献金事件をきっかけに、経世会の会長跡目争いが起こる。派内からは「小沢は佐川急便事件に乗じて、経世会会長の座を乗っ取るためのクーデターを仕掛けた」という小沢批判が湧き上がった。結局、経世会は分裂し、飛び出した小沢は新生党を結成（九三年）、細川護熙《ほそかわもりひろ》非自民連立政権を樹立する。以後、新進党、自由党など政党を作っては壊しを繰り返す。そして、二〇〇六年四月、民主党の代表に就くが、西松事件（〇九年）で公設秘書が政治資金規正法違反の疑いで東京地検特捜部により逮捕。

その一方で〇九年八月の総選挙で民主党が圧勝。小沢は政権交代の立て役者となるが一二年、消費増税をめぐって野田佳彦政権と対立。小沢グループが飛び出す形で民主党は分裂する。

ところが、その分裂劇の狭間で、拙文による小沢の妻・和子が地元の支援者らに宛てた「離縁状」とも言える手紙が世に出たのである（『週刊文春』一二年六月二一日号）。

手紙は、自民党幹事長に就いてから、二十余年にわたり最高実力者として常に権力の中枢に君臨してきた小沢の実像を白日のもとに晒した。当選二回目頃から地元に帰らない小沢の代理として、水沢の後援会を支えたのは三人の男の子を抱えた和子だった。小沢はといえば東京で古くからの愛人である料亭の女将のもとへ通いつめていた。

しかも小沢は、料亭の女将とは別の女性に男の子を生ませ、その男の子を養子として女将に預けて育てていたのである(当時、二〇歳を超えていた)。和子の手紙は綴る。

「『(小沢は)どうせ、お前も地位がほしかっただけだろう』と言い、謝るどころか『お前に選挙を手伝ってもらった覚えはない』と言われました。あげく『あいつ(料亭の女将)とは別れられないが、お前となら別れられるからいつでも離婚してやる』とまで言われました。

その言葉で、三十年間皆様に支えられ頑張ってきたという自負心が粉々になり、一時は自殺まで考えました」

和子は何よりも、東日本大震災の被災地となった郷土の岩手に駆けつけようとしない小沢を批判し、こう綴る。

「お世話になった方々のご不幸を悼む気も、郷里の復興を手助けする気もなく、自分の保身の為に国政を動かそうとするこんな男を国政に送る手伝いをしたことを深く恥じています」

この手紙が、小沢の凋落への致命傷になった。何より、郷土の人々が震災でいちばん大変な時に政治家として被災地に向き合わない小沢という男を恥じる、と和子が綴った時、郷土の人々も小沢を見放したのである。

郷土に見放されて政治家が成り立つはずはない。

最初の選挙で孤立無援の闘い

菅が横浜市会議員に立候補したのは三八歳の時だった。秋田で高校を出てから一八歳で出稼ぎのように東京へ来て、二年のブランクの後に法政大学に入学、横浜で小此木衆院議員の秘書になってから一一年などと、かれこれ二〇年近くの歳月が流れていた。

「県議も市議も雲の上の人だった。政治を変えなければと思ったが、市議にすらなれるとは思っていなかった」

しかし、菅には、果たして自分は勝てるかなどと逡巡している悠長な暇《いとま》はなかった。秋田から叩き上げてきた意地が頭をもたげる。

菅が照準を定めたのは定数二の横浜西区。そこには七七歳になる長老の自民党現職がいた。その長老はいったん引退を決めながら出馬に転ずる。それを受け、自民党横浜市連は市議選の混乱を理由に「菅降ろし」に出た。小此木も長老を支援していたことから、「今回は止めておけ」と菅に促した。しかし、菅は拒んだ。初志に従い、事務所に辞表を提出。そもそも地盤・看板・カバンの三つの〝バン〟がない、孤立無援の闘いが始まる。菅は言う。

「豪雪地帯の郷里で育ったことが、知らず知らずのうちに『何、負けるか』という反骨精神を身につけていたんだろうな」

朝六時の街頭演説は最初、夫人と二人で始めた。一日数百件の戸別訪問、夜九時までの街頭演説と身を粉にして駆けずり回った。そのうち長老は、定数一の県議に転出。当時、菅は夫人と六歳、三歳、六ヵ月と三人の息子を抱えていた。負ければその日から失業である。菅は若さで世代交代を訴えた。その退路を絶った闘いがやがて実を結び、菅はぎりぎり二位で当選した。菅は自分の初の選挙戦のことをこう語っている。

「自民党のしがらみや悪い面を最初の選挙ですべて見てしまった」

それは、主義・主張を持たずにただ長いものに巻かれ、異端者を排除し、既得権益を守るため自分らだけの狭い世界に安住する保身体質と言い換えてもいいだろう。

下積みの人々の精一杯の生

遠い秋田の秋ノ宮では、田圃の畦道から相好を崩す和三郎の姿が見られた。

「おらの息子が横浜市会議員になったんだってよお」

後に菅は「世襲禁止」を持論として掲げるが、その原点は秋田から東京、横浜へと這い上がってきた体験があったからに他ならない。

もはや、菅にとって県議・市議は雲の上の存在ではなかった。一九九〇年の横浜市長選で菅は、元建設事務次官で水資源開発公団総裁などを歴任した高秀秀信《たかひでひでのぶ》（二〇〇二年没）の擁立にかかわる。

遡るに、菅が小此木の秘書として仕えた一九七五年、小此木自身は衆院議員に当選三回目（四七歳）で、運輸政務次官に就いていた。二年後には自民党神奈川県連会長に就き、その職を一四年の長きにわたって務める。

その小此木が、急性硬膜下血腫および脳挫傷のため入院先の慈恵会医大附属病院で急逝したのは九一年、六三歳の時だった。小此木は永田町の衆院第二議員会館の階段で七段ほど足を踏みはずして転倒、後頭部を打って救急車で同病院へ運ばれ、手術後、集中治療室で治療を続けていた。菅は『追悼　小此木彦三郎』（九二年）でこう記している。

「小此木会長が議員会館の階段を踏み外して頭を打ち、手術をするという報せを受けたのは、市会運営委員会の視察地、福井県での夕食の席でした。とり急いでホテルに帰り、列車を乗り継ぎ、何とかその日の中に、入院先の慈恵医大病院にたどり着きましたが、状態は非常に厳しく、奇跡に望みを託す以外に回復の見込みはないという事でした。私は車中手術の成功を祈り、手を合わせ、心の中で励ましながら、念願だった通産大臣に就任した時の事、高秀市長擁立劇等々、会長とのいろいろな想いを浮かべ続けてきました。(中略)一生懸命戦い、力尽きたのでしょう。自分の選挙運動は熱心でなかったのですが、人の選挙、人に依頼された事は、一生懸命でした。照れ屋で、人見知りで、人の輪を大切にする政治家でした。常に国家を考え、いつも目に見えない所で頑張っている人に配慮している神経の細やかなやさしい人でした」

小此木彦三郎

また、終生の盟友だった梶山静六は、小此木をこう偲ぶ。

「『孤掌は鳴らず』と申しますが、君を失って今、何事をなすのも、色々な悩み事を話し、その反応をみて物事を決して来た私には、空虚感が一杯であります。日が経つにつれ、寂しさが、虚しさが、胸一杯にこみ上げてくる今日この頃です」

「孤掌は鳴らず」は、「孤掌鳴らし難し」とも言い、片方の手のひらだけでは手を打ち鳴らせないこと、転じて人間は一人だけでは生きられない、事を成し遂げられないという意味だ。

小此木はその風貌から直情径行の人のように思われがちだが、元神奈川県議・村上健司は「下積みの人へ気をめぐらす情に厚く、忍耐強い人。決して直情型ではなく、優しい人だった」と回想する。

小此木の自宅兼事務所は横浜のメイン通り、伊勢佐木町(中区)の繁華街の裏通りにあった。その末吉町周辺は現在、マンションなどが林立する閑静な住宅地であるが、ハングル文字の看板の小さいスナックなどが路地の一角に佇み、どことなく場末の趣もみられる。その末吉町のわきを流れる大岡川を挟み、京浜急行線沿いの黄金町から日ノ出町にかけての川向こう一帯は戦後、進駐軍の米兵相手に春をひさぐ「パンパン」と呼ばれる街娼《がいしょう》らが佇む街だった。黒澤明監督の名作『天国と地獄』のロケ地にもなっている。小此木の自宅近くに住んでいた村上は、「皆、食べていくのにせいいっぱいだった。暗い時代の底辺で生きる彼女らを近くに見ながら育ったのが小此木さんだった」と追想する。

小此木が秋田の菅の郷里に出向いて、和三郎に「私にしばらく息子さんを預けてください」と頼み込んだのも、下積みの人々の精一杯の生き方を見てきた彼だからこそ言えたようにすら思えてくる。

人心掌握こそ菅の真骨頂

菅は小此木の秘書になった当時、今とちがってコロッと太っていたと村上は振り返る。父・和三郎の体軀《たいく》にも似ていた。菅は前述したように、秘書としては七番目で序列は一番下。しかも口数は少なく、寡黙な印象は昔から変わらなかった。村上は言う。

「でも、菅さんは早くから秘書の中でも際立っていた。一言で言うなら『不言実行』。横浜市役所の、誰それのところに行けばその案件の陳情が成就するのかを知っていた。しかも、菅さんは陳情に行く前に自分で根回しを済ませている。たとえば元町や中華街の商店街への振興補助金交付一つにしても菅さんに頼むと、補助金要請に行った段階で関連部署の調査・検討が終わり、交付の方向で結論が出ている。しかも菅さんは『わざわざ来ていただいて……』と相手を立て、決して恩着せがましいことや儀礼的なことは一切言わない。相手は、身内に会ったような親しみすら覚える。その人心掌握こそ菅さんの真骨頂だ。人事配置をつかみ、頭の中に物事を動かす引き出しをいくつも持っている人なんです。小此木さんが、その菅さんを手放すはずはなかった」

秘書として手腕を磨いた菅が、秘書生活一一年目にして横浜市議に立ったのは八七年。秘書になりたての頃から小此木の頼みで菅の修業時代を見てきた自民党神奈川県連元会長・梅沢《うめざわ》健治は菅をこう評する。

「菅は人と会うとムダ口をたたかず、『現場職人』と言うべきか、全身で相手の言うことを聞く。そもそも、失うものは何もないから恐いものもない。同じ雪国育ちからか、最初にグッとさせる人心の摑み方は田中角栄を彷彿とさせるような先天的なものがあったね。俺は、将来を決めかねている菅に早くから『国の政治家になるんだよ』と助言していた」

北海道夕張市出身の建設官僚、高秀秀信が横浜市長に就いたのは前述したように九〇年。八三年に着手した「みなとみらい21」の土地区画整理事業は対象面積が九二年から約九六ヘクタールに拡大（現在約一〇二ヘクタール）され、商業ビル・道路・地下鉄などの建設・整備が急ピッチで進んだ。

高秀秀信

高秀は、自民党最大派閥・経世会が後押ししていたこともあり、梶山静六や小此木との繫がりを持っていた。一方、菅は横浜市議一回生ながら「当選一回も二回も市議団の一員としては同じ資格のはずだ。団長や議長候補を決める際に、我々の意見を聞いてほしい」と物怖じせず発言するなど、市議会でも際立つ存在だった。小此木は高秀に、「人事でわからないことがあったら菅に相談してください」と助言し、高秀自身も市の力関係、人事を知り尽くした菅を頼りにした。当時、自民市議らがやらなかった市幹部らとの朝食会なども菅が常態化し、高秀との連絡も密になる。菅は市議二期目途中から「影の市長」と囁《ささや》かれるような存在になっていった。

官僚の世界はどこに、誰がつくかという人事が何より優先される。菅は、人口が大阪市（約二六六万人）を上回る横浜市（約二七〇万人）という大都市で人事を握った。後に第二次安倍政権が発足した際、菅は事務次官を集め、「幹部人事は事前に私に相談してもらう」と言い放ったが、それは官僚の要諦を熟知した菅だからこそ言えることだった。菅の政治家としての地歩は小此木の薫陶により横浜で築かれたのである。このまま市議を続けていたら、菅は横浜市政に君臨する恐るべき存在になっていたかもしれない。菅自身、「自分がどんな政治家になっていたのか、わからない」とボソッと語る。

後に菅の秘書は横浜市議・神奈川県議などを務めているが、それは菅自身が駆け出しの秘書時代、中村梅吉や小此木が目をかけてくれて育ったからだった。いつも、「秘書で終わらないように」というのが菅の口癖だという。

小此木の死去した後の九三年七月の総選挙には、小此木の後継で三男の小此木八郎が出馬し、菅は選対本部長を務めた。

八郎は「菅さんは兄貴のような存在だ」と語る。一方、梶山と父・彦三郎の仲について、「二人とも、今は廃《すた》れた義理・人情を重んじる関係。菅さんは梶山さんから、間違いなくその薫陶を受けていると思う」と語った。梶山と彦三郎は兄弟のように、毎日頻繁に会っていたという。

梶山の小沢への忠言

この選挙で、自民党は過半数割れの大敗北を喫し、宮沢喜一政権は退陣した。その原因を作ったのは小沢である。経世会の跡目争いに敗れた小沢らが自民党を飛び出し、新生党の結成に走ったためだ。梶山はこの分裂劇で小沢を批判した。

「小沢君たちに私はこう言っている。『これまでは、あんたらがすべてを壟断《ろうだん》してきた。それに比べ私らはボロぞうきんだ。しかし、ボロはボロなりに働いてきた』と。私はもう逃げません」

さらに、経世会分裂に至る九二年一〇月一二日、梶山は小沢と会い、こう語りかけたという。

「きみは経世会の最終兵器だ。ここは謹慎して一歩引いたほうがいい。俺は人生の第四コーナーにいる。もう死んでいく人間だが、きみは少なくとも俺の年齢に達するまで、あと一七年はやれるんだ」

「そのためなら俺はバッジを外してもいい。俺は幹事長にならなくともいいんだ」

しかし、小沢は黙して何も語らなかったという。梶山ならではの情の機微が窺える言葉であり当時、小沢にこれほど忠言できる政治家は他にいなかっただろう。

初めて小選挙区比例代表制が導入された九六年、横浜の選挙区が、中選挙区時代の二選挙区から八選挙区に増えたことを受け、菅は二区、八郎が三区から立候補する。小此木の秘書と息子が、骨肉の争いをすることなく住み分けで選挙に臨んだ。

菅の応援のため横浜まで駆けつけたのが、橋本龍太郎内閣の官房長官だった梶山である。横浜市議から国政へと駒は進められた。

菅はこの時四七歳だが、その胸には、約三〇年前に秋田から出てきて、中卒で集団就職した郷里の同級生らと会っては仕事の辛さを慰め合った頃のことが焼きついていた。秋田の同級生は言う。

「義偉は、『俺が国会議員になる時、秋田など東北の各地から集団就職した連中が選挙の応援に来てくれたんだ』と嬉しそうに語ったことがある。忘れられない仲間なんだろうな。今でもたびたび、その仲間らと会って食事をしているからな」

横浜市議から国会議員という、集団就職した同級生たちには想像もつかない出世の階段を上ったことに、もしかすると菅はある負い目を持っていたのではないか。彼らの多くは陽の当たらないところでコツコツと働いていた。菅の出世は、彼らからすれば一種のアメリカン・ドリームのように映ったかもしれない。しかし、菅とて将来が定まらず、段ボール工場の労働に汗水たらしていた一八歳の頃から出立《しゅったつ》したのだ。角栄の母が、「総理大臣がなんぼ偉かろうが、あれは出かせぎでござんしてね。アニもそう思うとります」と漏らした言葉と同じ意味で、菅にも秋田から出稼ぎに来ているという意識はいつまでも消えなかったのではないか。

菅は総選挙(九六年一〇月)で当選した後、小渕派(平成研究会)に入った。橋本龍太郎や梶山静六らの誘いもあった。その選挙の結果は、自民二三九、新進一五六、民主五二などと、自民の過半数割れとなった前回から復調。総選挙の翌一一月、三年三ヵ月ぶりに橋本(第二次)自民党単独内閣が成立。社民・さきがけ両党は閣外協力に退いた。自民党は自社さ(自民・社会・さきがけ)連立の村山富市政権で乗り切り、橋本政権に繋いだものの、小沢が采配する新進党は野党第一党を保っていた。その小沢批判の急先鋒は自民党幹事長代理(当時)の野中広務だった。

小沢の宿敵、野中広務

菅が当選一回生の時だ。ある新聞記者が橋本内閣の幹事長代理・野中広務に「生きのいい新人は誰がいますか」と尋ねたところ、野中はすかさず、「そりゃあ菅義偉や」と菅の名前をあげたという。野中は、秋田出身で横浜に出て小此木元通産大臣の秘書官から高秀元横浜市長の影で采配を振る実力市議となっていった菅の名を記憶にとどめていた。

野中は反小沢の一方で、九五年に起きたオウム真理教による地下鉄サリン事件や、国松孝次警察庁長官狙撃事件では、自治大臣・国家公安委員長として陣頭指揮を執った。

「決して、怯《ひる》むな。警察を嘲笑い、国民生活をドン底に落とした奴らは許すことができない。責任は俺が取るから徹底的にやれ」

九七年には、沖縄米軍の基地用地使用を継続するための駐留軍用地特別措置法（特措法）改正案を可決する際、衆院本会議で声を震わせた。

「この法律が軍靴で沖縄をふみにじる結果にならないように、私たち古い苦しい時代を生きてきた人間は、国会の審議が再び大政翼賛会にならないように、若い皆さんにお願いしたい」

議場は騒然となる。飛ぶ鳥を落とす勢いの野中の政治家としての原風景を物語る場面だった。

その野中から、一回生ながら力量を見込まれた菅自身は先の新聞記者にこう抱負を語っていたという。

「第二の野中広務さんのような政治家になりたい」

第二の野中——。菅は早くも、野中を政治家の目標に据えていたのである。

その含意は、下働きの雑巾《ぞうきん》掛けをしてだんだんと地歩を固めていくという意味ではなく、反小沢の代名詞だった野中のように、敵対する相手との闘いで名を上げていくことを意識した言葉のように聞こえたという。

夜遅く、私が東京・高輪（当時）の議員宿舎で会った野中は節目、節目で小沢に対してこう断言していた。

「小沢は人の前で幼児のように簡単に泣ける男だ。金丸さんが（東京佐川五億円ヤミ献金事件で）自民党副総裁を辞任した時も、小沢は派閥の会長の椅子がほしくて、金丸さんの前でわんわん泣きながら、『自分が身体を張ってでも守ります。総裁室の前に座り込んででも守ります。だから、すべてを自分に任せてください』と言っとった。小沢の涙にだまされてはいかん」

「小沢は虚像がそのまま大きくなって、世間を歩いている男だな。だが、沈まない。カネと人事を握っているからな」

「小沢という奴は、人を利用し、人をバックにものを言う。自分から泥をかぶろうとしない。竹下派（経世会）の時は金丸さん、竹下さんをバックにものを言っていた。恩義のある人を裏切った。田中角栄さんを裏切り、竹下さんを足蹴にし、金丸さんを地獄に落とし、人前でさめざめと涙を流す爺殺し。それにみんな乗せられ、日本の政治を誤らせてきた」

野中広務

「野中を見たくば小沢を見よ。小沢を見たくば野中を見よ」という言葉があるほど、小沢は野中の「宿敵」だった。角栄の庇護を受けて育ち、陰に陽に最高実力者として長きにわたって政権の中枢にいた小沢に対し、五七歳で中央政界に転身（八三年）した野中は遅咲きの政治家だった。しかし、小沢を徹底攻撃することで、自身の名を際立たせ、またたく間に政権中枢にのし上がってきた。

野中は総裁派閥（旧経世会）の参謀格になっていく。

九七年一〇月のことだ。私が野中に、「橋本総理は政治家より大蔵官僚らを相手にしたがる官僚側近政治ではないですか。官僚に重きを置き政治家に顔を向けようとしない」と問いかけると、野中はポツンと語った。

「橋本はサラリーマンなんだよ」

橋本を見るその眼に、突き放した、冷ややかなものがあった。

橋本だけではない。梶山に対しては敵意すら持っていた。

梶山自身も野中の存在を決して快く思っていなかった。総裁選を五ヵ月後に控えた九八年二月、経世会のオーナー・竹下登を前にして感情を露にこう語っている。

「野中は、私が派閥にいると迷惑で、追い出したがっているみたいだ。私には創政会をつくって以来の愛着があるが、あなたが派閥を出ていけというなら、出ていきますよ」

我一人になっても、衆を頼まず

「こんなものを出しやがって！」

　野中は、私の前で議員宿舎の応接テーブルに『週刊文春』九七年一二月四日号と同二五日号のコピーを投げつけた。一二月四日号には第二次橋本内閣改造に伴い官房長官を退任した梶山の「わが日本経済再生のシナリオ」と題した特集記事が載っている。記事の中心は金融危機とそれへの提言だった。これらの中で梶山はこう言っていた。

「もちろん政治家の世界なんだから権力闘争はあってもいい。しかし、国民の経済を守るといった政策的な目的も何もなく、何でもかんでも権力闘争に結びつけて、自分たちが嫌だというものを潰していては、それこそ、この日本自体が潰れちゃいますよ」（『週刊文春』九七年一二月二五日号）

　梶山は同誌を中心に、破綻した銀行に徹底したディスクロージャー（情報開示）を実施し、銀行経営者には私財没収も辞さない経営責任を取らせ、大規模な資本注入を行うとする「一〇兆円構想」を打ち上げる。周囲に「銀行の思いあがりという か、『民くたばれ、われ繁栄だ』だ。恥じない銀行に憤りを感じる」と感情を剝き出しにする梶山の根底には、小沢との権力闘争で「裏の幹事長」と呼ばれるほどの実力を持つようになった野中ら平成研執行部への痛烈な批判があった。

「こんなこと、この間まで副将軍をやった人のすることか。倒閣をめざした政局だ。情けない……」

そう言う野中の姿を見て、野中という男は孤独なんだな、権力闘争の渦の中にしか身を置けない男なんだなと私は実感せざるを得なかった。

野中は、他人からは理解されない矛盾を抱え込むようにして膝を崩さない。派閥にあっても、群れようとしないで、一人屹立《きつりつ》している。流れがいったん変われば、孤立無援になりかねない。野中は地方議員から中央政界に出て以来、異例の大出世を遂げた。しかし、政治の世界はジェラシー（嫉妬《しっと》）が渦巻いている。野中の存在を快く思わない議員は決して少なくない、とも思った。

一方、梶山は次々と金融政策を発表した。「いまこそ金融システムの大改革をわが救国宣言」（『文藝春秋』九八年一〇月号）では、政府の長期信用銀行（当時）について、「明らかに裁量行政の延長線上のものでしかない。数千億円から一兆円もの公的資金を投入するというが、はたしてその額で長銀の不良債権処理に十分なのか、国民に対して、きちんとした説明がありません」と厳しく批判した。今、改めて目を通しても古くなく十分な説得力を持つ内容である。ところが永田町界隈の一部から梶山の言動は、「梶山がいろいろ言っているのは総理になりたいためだ」という根拠のない雑音となってあらわれた。

しかし梶山は、総理の座を求めるとか権力欲とかではなく、何かに取り憑かれたように自分の意見を言わずにはいられない衝動に駆り立てられていたという。梶山はこの頃、しきりにこう語っていた。

「私はもうどろどろしたものを持っていませんから。まったくないとは言えないけど、かなり薄口になっている。小選挙区ではみんな強い方になびいて派閥で競い合うことがなくなったから、誰かが何かを言っていかないと緊張感がなくなってしまう。衆を頼むことは考えない。気迫を込めて、大声で言い続けるんだ」(『死に顔に笑みをたたえて』)

我一人になっても、衆を頼まず。この言葉から、信じることのために殉じようとする政治家の覚悟がひしひしと伝わってくる。

梶山の平和主義の原点

初当選後、平成研に入った菅は、秘書時代から慕う梶山からこう聞かされていた。

「日本経済はデフレの傾向に向かうだろう。これからは国民に厳しいことを説明していかなければならなくなる。政治家は国民の食い扶持を守っていくのが一番の仕事だ。厳しいことを言って支持してもらうには政策がしっかりしていなければならない。派閥で動いても国民は理解してくれない。群れるな」

一方で梶山は、菅を前にこう嘆《なげ》くこともあった。

「俺は官房長官の時に、バブル崩壊後の処理について、六八五〇億円を投入した。住専以外に不良債権はないかと官僚に聞いたら、ありませんと答えた。それが、後から後から不良債権が一〇〇兆円も出てきた。信用したのが失敗だった。あの時に解決していればなあ」

群れるな、とは派閥政治を頼るよりむしろ、「自らの政策の旗を掲げろ」という意味でもあった。梶山は「役人の言うことは聞くな」といつも口癖のように口にしていたという。

「役人は説明の天才。自分が疑問に思ったことは自分で調べろ」

梶山静六

茨城県常陸太田市の農家に二六年、一〇人兄弟の末っ子として生まれた梶山は、一〇歳の時に父を失い、女手一つで育てられた。陸軍航空士官学校に入学し、特攻を志願していたという。終戦は、奇しくも菅の父・和三郎と同じ満州で迎えていた。この時の体験を、梶山はこう回想している。
「無《む》蓋《がい》列車《れっしゃ》に乗って、『兵隊さん負けないで、勝ってちょうだい』と手を振っていたご婦人方のなかに帰れなかった人もある。戦争になっていちばん苦労するのは弱い庶民、とりわけ母親のような女性とか子どもたちだ。だから戦争はなんとしても避ける。これは理屈ではなく、わたしの生活や経験から導きだされた、心と体に染みついている信念だ。政治家としていちばん大事にしているもの、それは平和だ」
（『死に顔に笑みをたたえて』）

母のもとに三男の戦死公報が届いたのは終戦後だった。三日三晩泣きあかす母の姿を梶山は見る。残された兄の妻と乳飲み子にいたたまれず母は、「静六、お前が死ねばよかった」とこぼしたという。

梶山が終生唱えた平和主義の原点はここにあった。

梶山は戦後、茨城県議を経て、既述したように小沢と同じ六九年、衆院議員に初当選。田中派分裂の際には竹下派（経世会）に参加し、「七奉行」の一人と目された。

政局の中心に躍り出たのは九二年、経世会の会長跡目争いをめぐり、小沢派と反小沢派に分裂した時だった。梶山は竹下元総理と連携して、小渕恵三を経世会の新会長に擁立。経世会の分裂は、結果的に自民党の分裂、下野へとつながるが、九六年には橋本を総理に押し上げ、実力者の地位を確立していた。

梶山は満州での終戦をしばしば語った。「私は政界に入り、時に武闘派とも呼ばれたが、一九歳の時にみた日本の落日という原点は忘れない」。その時の梶山の記憶は、菅にしてみれば父・和三郎と妻子が満州で体験せざるを得なかった悲惨な逃避行と重なっているのかもしれない。

第四章　権力闘争の渦中で

故梶山静六元官房長官の墓参りをする菅義偉内閣官房長官（2013年1月14日、茨城県常陸太田市、時事）

梶山が、小渕派（平成研）を離脱し、総裁選に打って出たのは九八年七月であった。橋本がその直前の参院選で惨敗、その責任を取って辞任したことを受けての総裁選だった。梶山ほどの実力者が派閥を抜け、無派閥で総裁選に挑むなど自民党史上でも前代未聞のことである。この総裁選には、小渕派から派閥会長の小渕恵三、三塚派（当時）の支援を受けて小泉純一郎の二人も名乗りをあげた。

総裁選出馬を決めた梶山

「今日は私から話そう。決めた。俎板《まないた》の鯉になる。俺は勝手に立候補するからお前たちはお前たちで勝手にやってくれ」

梶山が総裁選への出馬を、同志らに明らかにした瞬間だった。九八年七月一六日のことだ。橋本内閣が退陣し、当時最大の問題になっていた金融不安を、その政治力で解決してもらいたいと、菅と小此木八郎衆院議員は共に二日前から梶山に出馬を迫っていた。

自民党総裁選に立候補した（左から）
小渕恵三、梶山静六、小泉純一郎

「政治家は評論家ではありません。国のために出て下さい」

そして先の梶山の決意を聞いた菅、小此木の二人はただちに、衆院議員同期クラスの河野太郎、山口俊一、浜田靖一、野田聖子、松本純らに梶山支持を働きかけた。

その日の夕刻、梶山は議員会館の事務所でこう漏らしている。

「死に場所を見つけたよ」

たとえ敗れても、一身を投げ打つことに悔いはないという覚悟をあらわしたのである。

さらに小渕事務所で、梶山は平成研幹

部らと話し合った後、綿貫民輔会長代理と二人だけで向き合った。

綿貫「一度、小渕会長と話したらどうか」

梶山「派閥次元で物事を決めるのはよくない。私を推してくれる人は他派にもいるから」

そう言い残し、梶山は出ていったという。

バブル崩壊後に表面化した膨大な不良債権・乱脈融資の危機から金融機関は成り立っていけるのかが当時の最大の問題だった。しかも、橋本政権は九七年四月、消費税をそれまでの三％から五％に引き上げて、さらに景気は悪化していた。同一一月には北海道拓殖銀行が都市銀行で初めて経営破綻（負債総額九三四九億円）、山一證券が大蔵省に自主廃業を申請（負債総額三兆五一〇〇億円）するなど深刻な金融危機にみまわれていた。このような状況下、梶山の「原則として金融機関の救済は行われるべきではないと考えてます。（中略）このままでは、ルールもなしに、なし崩し的に銀行救済が進んでしまう。これでは金融機関のモラルハザードに歯止めをかけられない」（『週刊文春』九七年一二月二五日号）という指摘は、的を射た主張として世間の多くの共感を得ていった。

しかし、野中にとって梶山の言動は度《ど》し難いものだった。九八年一月、ポスト橋本を問うた私に、野中はこう漏らしている。

「小渕でもいい。梶山にいかなければいい」

野中は、敵対視する梶山への憎しみを露にする一方で、小渕に対しては「でもいい」と、ぞんざいな言い方をした。政権の屋台骨を自分一人で支えているという気負いからか、どこか見下しているような物言いに終始したのである。

野中の逆鱗に触れた菅

その野中が激怒したのは、梶山支持を表明して菅と佐藤信二元通産大臣の二人が派閥を離脱し、佐藤が梶山陣営の事務局長、わずか当選一回生の菅が事務局次長に就いたことである。さらに、宮沢派に所属していた麻生太郎が梶山陣営の選対責任者に名を連ねていた。

「菅は絶対に許さない」

野中は派閥の会合でこう口走ったという。菅は一回生議員にして、野中の逆鱗に触れるほどの侮れない存在になっていたとも言うべきだろう。

野中の「菅を許せない」という発言は、後に『文藝春秋』(一三年七月号)など各誌に載った。しかし、野中自身は後述するが発言そのものを否定したのである。

その「菅だけは絶対に許さない」と野中の逆鱗に触れたことについて、一三年一一月の私のインタビューで菅は以下のように語っている。

——まだ、当選一回のときです。当時の平成研の番頭格だった野中(広務)元官房長官は怒った。

「『菅だけは許さねぇ』と言われたとか。周りから『あの野中さんが、お前の名前を出して怒ってたぞ』とずいぶん言われました」

——実力者の野中さんに言われて、ビビったりはしなかった?

「全然、なかったです」

この菅へのインタビューは、『週刊現代』（一三年一二月七日号）に載った。同誌の発売後、野中は私の携帯に電話してきた。野中は、「俺は菅についてそんな発言はしとらへんで。君は俺が言っとらんものを平気で書くんか」と震える声で抗議してきたのだった。

一方で菅は派閥の存在についてこう語っている。

「派閥について、私には明確な考え方があります。派閥というのは、そこの会長を総裁、大臣にするために動く政策集団です。九八年に平成研を飛び出したのは、会長の小渕さんではなく、派閥を抜けてでも総裁選に立候補した梶山さんの主張のほうが正しいと思ったから。会長と違う人を推す以上、自分も派閥を辞めるのは当然です」（前掲誌）

野中は、何かと目にかけた菅から恩を仇で返されたと思い込んだのではないか。

野中という政治家を追い続けた私にも経験がある。

野中がある政治の局面について、議員宿舎で私と差しで語り合ったことを何ら脚色せずにそのまま雑誌に書いたことがあった。それは新聞に一行も載らない野中の真意が伝わる発言だった。雑誌が発売されたその日の夜、激昂した野中は車の中から甲高い声で私にこうまくし立てるのだった。

「君には人の情《なさ》けというものがないのか。人の情《じょう》がわからんのか。俺は君に浪花節をかけたのに、君はその浪花節というものがわかっとらん」

つまり、「出入り禁止」ということだろうが、何度こっぴどく怒られても、私は野中のもとに通った。理由はただ一つ、野中という人間のすべてを知るにはそれしかなかったからである。再び通って来る私に、野中は二度同じことは口にしなかった。

佐藤信二は佐藤栄作元総理の次男で、私に会うといつも大きな眼に笑みを浮かべて訥々と語る含羞《がんしゅう》の政治家だった。その信二がなぜ、総裁派閥を脱藩し、起《た》ったのだろうか。後に信二は、梶山の議員在職二五年の表彰が行われた際の国会演説（九七年一〇月）の一部を引いて、在りし日の彼について述べている。

「演説の終りは『史記』からの引用で、徳があれば自然に人々が心服するという『桃李言わず、下自ら蹊を成す』これが、自らが目指す理想の政治家像としめくくられました」（『追悼　梶山静六　愛郷無限』）

「桃李言わず、下自ら蹊を成す」。桃やすももは何も言わないが、その花や実にひかれて人が集まり、その下には自然と道ができる、という前漢の李将軍を讃えた言葉である。信二も、豪放磊落で細やかな義理・人情を重んじた梶山を敬慕した一人だった。そこには、若かりし日の信二の体験が関わっていたのではないか。

総裁選という最大の権力闘争

古い話になるが、自民党が誕生する前の五五年二月のことだ。鳩山一郎政権初の総選挙は、岸信介幹事長の下で日本民主党が一八五議席と躍進する。その頃の岸には勢いがあった。

一方、佐藤栄作はもともと吉田茂の自由党直系。岸と栄作は血を分けた兄弟だが、二人の選挙区（山口二区）は同じで、その総選挙はいままでより激しい骨肉の争いにならざるを得なかった。栄作の次男・信二は当時二三歳。佐藤栄作夫人・寛子はこう回想している。

「そのころ義兄・岸信介は鳩山一郎総裁をいただく日本民主党の幹事長で、飛ぶ鳥も落とす勢いでした。（中略）鳩山内閣成立後の（昭和）三十年二月の総選挙は私たちにとって、文字通り四面楚歌、地獄の責め苦にたえるようなたたかいとなりました。（中略）後年伝えられるような『骨肉相食《あいは》む』争いが始まったのは、この選挙から、といっていいでしょう。（中略）私も長男と次男の親子三人で毎日、声をからして選挙区内を泣き歩いたものです。『郷里の方だけはわかって下さい……』と。真冬の寒い夜、頭からショールをかぶって、いなかの畦道を歩き回り、くたくたになって帰る。選挙が終わったときは、すっかりやせて骨と皮ばかりという状態でした」（『佐藤寛子の宰相夫人秘録』）

信二は、政治は非情なるものでたとえ血を分けた兄弟でも争うことがあることを身をもってわかっていたのだ。ましてや、派閥は政治集団に過ぎない。信二は大義に殉じようとする梶山に政治家のあるべき姿を見たにちがいない。

岸の孫が安倍晋三である。信二を通じ、後の菅がどう安倍との関係を深めていったのかはわからないが、それは得難い一本の糸だったのかもしれない。

自民党にとって総裁選は最大の権力闘争である。選ばれた総裁は、総理という最高権力の椅子に座ることを約束されているからだ。

「国のため党のため、断固出馬すべきです。先生以外にいません」

「立たなきゃ評論家じゃないですか。政治家は評論家じゃありません」

前述したように菅はそう言って、総裁選出馬を渋る

佐藤栄作

梶山を口説いた。当時の金融機関の破綻から想定された「日本発世界恐慌」を怖れた梶山の提言は共感を呼び、総裁選での梶山の優位は保障されたかのように見えた。当選一回生として梶山選対の事務局次長を担ったことを振り返り、菅は、

小渕恵三

「総裁選挙とはどういう戦いなのか、そこを一期生の自分がつぶさに見ることができた。総裁選という、日本の最高権力者を決める選挙で、一期生には絶対に回ってこない仕事をやらせてもらえた」

と語っている。権力闘争の主戦場の舞台裏はさぞかし想像を絶する修羅場だったにちがいない。さらにこうも言う。

「国民世論も梶山支持で、党内世論もそうだったんです。しかし『本音は梶山さんだけど、やっぱり小渕さんにやらせてあげてよ』という議員が結構いたんですね。勝ち馬に乗るというのかな。ああ、こんなふうに政治家は動くのかなというのを実感させられましたね」

最大派閥・小渕派を脱藩して総裁選に出馬した梶山を支持することは総裁派閥に反旗を翻すことを意味した。議員たちはその派閥・平成研から「裏切り者」のレッテルで色分けされることに脅えた。権力闘争の場では政治家が本来持つ連帯感や排他性、自己保身・恨み・妬みなど鬱積した感情の昂《たかぶ》りが露になる。吉田茂元総理の秘書から岸・佐藤栄作政権で労働大臣、防衛庁長官を歴任した自民党の重鎮・松野頼三（二〇〇六年没）は私にこう打ち明けたことがある。

「田中角栄は俺に、『人間は欲の塊《かたまり》だ。だから、その人間を引き込もうとするなら人間の欲の好きなところを突けばいい。地位、名誉、カネなどの欲があるのが政治家。感情と欲で動いているんだ。欲のない奴はつかみようがない』と言ったことがある。だから、角栄は怖かった」

梶山に梶山はいない

この時、菅の手腕に目をつけていたのが、総裁選に立候補した小泉の陣営にいた安倍晋三だった。安倍は当時、菅にこう声をかけたという。

「経世会（小渕派）から出る人は、菅さんの他に何人いるんですか」

総裁選で、岸信介の流れを汲む福田赳夫が角栄に敗北を喫してから、角栄の系譜に連なる竹下登元総理がオーナーである最大派閥・経世会を制することが安倍の念願だった。安倍はこの時の邂逅《かいこう》から、造反をものともしない菅の肚《はら》に期するものがあったと思われる。

梶山が立候補したことで、総裁選は小渕派対反小渕派の様相を呈する。繰り返すが野中は当時、私に梶山への不信を露にし、こんなことも言った。

「俺は、ずっと梶さんに『将軍に仕える身でいよう、そこに一身をささげよう』と、ことあるごとに言ってきた。梶さんはそれがわかっている人だと思っていたんだ。副将軍をやって、采配を振ってきた人がとるべき行動じゃないよ。

俺は梶さんに『わが派は、田中派、竹下派と、分裂を繰り返し互いに憎しみ合うようなことをやってきた。もう、そんな憎しみを繰り返すのはやめようじゃないか』と言ったんだ。それでも、梶さんは『一〇ヵ月間考えたうえでのことだ。もう俎板の鯉だ、別行動をとる』と言う」

――また分裂ですか。

「寂しいことだ」

――梶山さんが惨澹《さんたん》たる結果に終わったら、以後の政治生命に影響していくかもしれない。

「このままだとズタズタになることだってありうる。惜しいことだが」

まさに、どろどろした権力闘争に火がついた。

総裁選の結果は、フタを明けてみると予想に反して梶山が一〇二票を獲得、小渕恵三の二二五票には及ばないが、小泉純一郎の八四票を上回ったのである。平成研（小渕派）は総裁派閥だったとはいえ、派閥の数を頼みに確たる政策を持たない小渕より、次々と金融政策を打ち出して警鐘を鳴らす梶山に、一〇〇票以上の票が集まったのは自然の理《ことわり》だっただろう。もし、小泉が出馬せず小渕対梶山の一騎打ちの対決になっていたら、どのような流れに変わっていたかわからない。

勝てない、という胸算用は梶山自身にもあった。梶山の出馬で総裁選は一気に高揚したが、梶山は秘書・大崎恵利子にこう漏らしていた。

「俺は勝てないよ。理由は三つある。一つ、総理総裁をめざして政治家をやってきたわけではないので敵が多い。二つ、梶山静六に梶山静六はいない。三つ、小泉は絶対に出馬する、そうすると票が割れる」(『死に顔に笑みをたたえて』)

梶山に梶山はいないというのは、参謀が不在という意味だ。梶山自身が竹下や橋本の名参謀だっただけに、参謀の重要性を熟知し、その不在が敗北につながるだろうと覚悟していたのである。

一方、梶山の出馬で少なからず動揺した平成研は、野中が小渕に一時、立候補を見送るように打診していたという(前掲書)。その頃、野中は私にこう語った。

「そりゃあ、小渕でも大変だよ。支えなくてはならない。今やらなかったら、小渕に後はない。仮に梶さんにやらせてその後ということもありえない」

権力という魔物を見る

菅は、愛憎半ばした権力闘争の凄まじさをその目で見る。刻々変転する政治状況の中での政治家の立ち回り方を、菅はこう語っている。

「このときが自分の政治家としての原点ですよね。最後は自分で決める。党に守ってもらうことはもう考えなくなった」

この総裁選で菅は、覚悟していたとはいえ小渕派の容赦ない締め付けに改めて絶望したのではないだろうか。しかし、無派閥では党に集まる仕事や情報は回って来ない。一回生にして小渕派に反旗を翻した菅にすればなおさらだ。その自民党の慣習は今も昔も変わらない。

菅の身を案じた梶山は、宏池会（当時・加藤派）で国会対策委員長だった古賀誠に頭を下げ、菅は宏池会に身を寄せることになる。菅は言う。

「当時は派閥全盛時代で、梶山さんがいろいろ手を打ってくださった。『俺のために派閥を出る羽目になり、野中にもいじめられてかわいそうだ』と。私は平気だったんですが。でも、一度出た派閥に戻るのもなんだし、最終的に古賀（誠）さんに声を掛けてもらって、宏池会に行きました」

総裁派閥の小渕派といっても、オーナーの竹下を除けば梶山、野中、参院に君臨した青木幹雄の三人が実質的に派閥の実権を握っていた。元々竹下の秘書から参院で重用されてきた青木は別にして、梶山が派閥を離脱した以上、残った実力者は野中一人と言っても過言ではない。総裁選後の小渕政権で「影の総理」とまで呼ばれるほどの存在となったその野中の軛《くびき》から解き放たれることが菅の政治家としての飛躍の起点にあった。

「第二の野中」をめざした菅は、総裁選の権力闘争で否応なくその野中と相まみえざるを得なかったのである。そこで菅が野中に見たものは権力という魔物のおそろしさだったのかもしれない。

そもそも菅が慕った梶山は、繰り返しだが急速に階段を登り実力者になった野中に不信感を抱いていた。

「野中君は人心収攬《しゆうらん》とか、手練手管で人を引きつけるとかは抜群だ。その時点、その時点での戦いにも強い。しかし、長期的に見ると、その場を取り繕ってまずくなったらまた変えるということをやっているだけだ」

さらに、梶山は野中をこう喝破した。

「彼には心棒がない。国家という意識も希薄だ」

つまり、野中には政治家としての「志」が欠けているというのである。

小渕政権が発足した九八年七月末、野中は内閣の命運を握る官房長官に就く。この時に野中は変わった。いや、正しくは豹変《ひょうへん》した。野中は唐突にこう言い放ったのである。

「『野中は反小沢一郎だから（小沢自由党との政策協議は）やらない』と言われるが、個人の感情は別にして、小沢さんにひれ伏してでも国会の審議にはご協力いただきたいと思っている。それが内閣の要にある者の責務だ」

野中ははっきりと、「小沢にひれ伏す」と言ったのである。それまで少数政党・自由党の党首になった小沢を「溺れた犬」と揶揄《やゆ》し、「小沢は人間として信じることができない」「小沢は独裁者」と攻撃の矢を数々放ち痛罵してきたのは何だったのか。反小沢の急先鋒の野中はなぜ、これほどまでに豹変できるのか。梶山の先の言葉はその野中の言行不一致と変節ぶりの矛盾を突いていた。

野中はなぜ豹変したのか

その四ヵ月近く後の同年一一月、小渕は小沢と自自連立政権の樹立で合意する。自自とは自民党と自由党を指す。その直後、私が議員宿舎に向かうと、野中の顔は苛立っていた。

「小沢は昔の小沢じゃない。野に放っておいたら、危ない。何をしでかすか、わかったものではない。(連立で)内側に取り込んで、あいつの牙を抜かなくてはならない。それに、小沢自由党の五〇人は、野党でいるうちは邪魔だ。邪魔なものは引き込まなくてはならない」

私は、自らの変貌をご自身はどう考えるのですか、と突っ込んだ。

「こっちの方から(ひれ伏すと)言った方がいいんだ。最初に言った方がいい。何でもやらなくてはならないのが俺の仕事なんだ。ガイドライン（新しい日米防衛協力のための指針）法案だけは（国会通過を）譲れない。通すためなら何だってやらざるを得ない。（これまでの小沢攻撃は）消しゴムで消せるものは消さねばならない。消せないものもあるかもしれないが、消せる時は消すんだ。俺が栓《せん》を抜かんかったら、小渕さんだって小沢に電話一本できない。俺が泥をかぶらなくてはならないんや」

野中にすれば、小沢と連立の手を握ったのも「韓信の股くぐり」だと言いたいのだろう。韓信の股くぐりとは、将来の大きな目的のためには一時の恥に耐えるという意だ。その野中に対して、「節度も何もない」という非難が囂々《ごうごう》と湧き上がり、野中は自嘲気味にこう漏らした。

「ぶれない俺がいちばん大きくぶれた。私の政治生命が終わろうとも、この世に生きた一人として満足だ」

思うに、野中は「国家とは何か」「権力とは何か」といった理念が先にあって行動する政治家ではない。ある時、そもそも小沢一郎という政治家の器をどう思いますかと水を向けると、野中はこう漏らした。

「小沢一郎という男は原理・原則から離れられない。かわいそうやなあ」

理念と論理が先行し、時に自家中毒を引き起こしかねない小沢とは、野中は正反対の位置にいる。

野中は相手を、「論」ではなく、「人」で見る。小沢に対して、「かわいそうやなあ」と、哀れむように吐露したのは、そのいったんだ。

では野中は、誰のため、何のために政治をするのか、自民党の「数（派閥）の強権支配」を主導しているではないかという批判に、正面から答える言葉を持っているのだろうか。野中はある日、私に漏らした。

「いつも、いつも俺はその時の風を見てやってきた。確たるものがあってやって来たんではない」

融通無碍《ゆうずうむげ》、変幻自在——。言い換えれば、梶山の言ったように、野中には軸がない。唯一、野中に軸があるとすれば、遮二無二「自民党政権を維持する」ということだろう。いや、「平成研（小渕派）支配」を延命させることだと言い換えてもいい。

梶山の総裁選は、菅にしてみれば「一派支配」に汲々とする派閥との権力闘争だった。梶山は総裁選で勝った暁には、佐藤信二を官房長官、菅を「官房副長官にしたい」と思い描いていたという。

菅が野中と、梶山の総裁選立候補（一九九八年）以来再び全面対決するのは二〇〇〇年一一月の「加藤の乱」の時だった。

小渕の死をめぐる権力闘争

「加藤の乱」が火を噴く導火線は、二〇〇〇年四月二日未明、小渕総理が脳梗塞で順天堂大学医学部附属順天堂医院に緊急入院したことに発していた。

小渕の後継総裁には、自民党幹事長だった森喜朗が選ばれた。それは、同二日深夜から三日未明にかけて、東京・赤坂プリンスホテルに密かに集まった当時の幹事長代理・野中広務、官房長官・青木幹雄、政調会長・亀井静香《かめいしずか》、参院議員会長・村上正邦《むらかみまさくに》の四人に森を加えた「五人組」による密室協議によって決定された。

怖るべきことに森の後見人・青木は小渕の病状についてウソをつき続けた。小渕緊急入院から二二時間にわたって国民の目を欺《あざむ》き、病状を偽って隠蔽《いんぺい》したばかりか、何食わぬ顔で首相臨時代理の椅子に座ったのである。

青木はまず、四月二日午後一一時半頃、緊急記者会見で、小渕が「過労のため緊急入院した」と偽る。記者から、小渕の意識ははっきりしていたのかと問われ、「別に意識はどうということはありません」、さらに小渕の顔色を問われると、「そんなこといちいち、私は医者でないからわからない」、首相臨時代理を置くのかとの問いには、「そのことを含めてこれから考えようと思う」と、平然と答えている。この時点で、青木は国民に対して、小渕が集中治療室に入っているという事実はおろか、病名さえ一言も発することはなかった。

青木は一進一退する小渕の容体を、刻一刻と誰よりも知りうる立場にいた。じつは、小渕は四月二日未明、順天堂医院に緊急入院した際に、すでに重篤状態だった。MRI（核磁気共鳴画像法）検査で脳梗塞の疑いありと診断されていた。

青木は四月三日午前、臨時閣議の前に首相臨時代理に就く。森内閣が発足したのは同月五日のことだった。

青木は暫定とはいえ、首相という最高権力を手にする。その根拠として青木は、三日午前の会見で「小渕の指示」の内容をこう明言している。

「（小渕）総理から『有珠《うす》山噴火対策など一刻もゆるがせにできないので、検査の結果によっては、青木官房長官が（首相）臨時代理の任に就くように』との指示を受けておりました」

青木幹雄

有珠山は、北海道・洞爺湖《とうやこ》南方にある標高七三三メートルの活火山。小渕が倒れる直前の二〇〇〇年三月三一日に噴火していた。

しかし、青木は前述の「小渕の指示」をめぐる発言の一週間後、国会答弁で前言を翻し、「何かあれば万事よろしくとの指示を受けた」と修正。その日の会見では「病人相手の話だから、正確に記憶しているわけ

森喜朗

ではない」、四月二〇日の答弁になると、「総理と話した時に、臨時代理という言葉は全然聞いていない。当時の私の判断」と迷走したのだった。官房長官の任にある者が、自ら発言を撤回・修正し、開き直ってさえいたのである。

その発言の真相はいまだにベールに包まれている。そもそも集中治療室に入った小渕は青木に対し「有珠山……」などの発言ができる状態ではなく、その言葉は青木自身のフィクション、つまり創作ではないかという説すら今もってあるのだ。

いずれにせよ、官房長官の青木が、虚偽情報をそのまま放置した意図は、森を総理につけて、経世会（旧竹下派）支配によって権力を掌握していくためだったからに他ならない。野中は森の後任の幹事長に就く。つまり森は、彼らのパペット（操り人形）のような存在だった。

その影響から同年六月の総選挙で、自民党は選挙前に比べ後退。野中もその責任を問われて然るべき立場だった。しかし、その責任には頬っかむりし、公明・保守党を加えた三党で安定多数を確保していることを理由に、野中はその座を守り続ける。

言うまでもなく、主権在民の精神を無視し、密室談合で誕生した森政権が国民の信用を得られるはずはない。

加藤の乱と野中の弾圧

加藤紘一が、山崎拓（山崎派会長）と組んで、森内閣不信任決議案を提出する動きを見せたのは同年一一月だった。いわゆる「加藤の乱」である。

「国民を入れた長いドラマの始まりです。森さんに（年末の）内閣改造はさせない。国民の七割が支持していない内閣を支持するわけにはいかない」

加藤は倒閣の狼煙《のろし》を上げる。森政権の否定は事実上、野中ら「平成研支配」の否定を意味した。菅は加藤に共鳴し、共に立ち上がることを決意する。

急遽、横浜に帰った菅は後援会の人たちに集まってもらう。そこで菅は頭を下げ、こう語った。

「私は間違っていない。総理の森さんに正面から異議を唱えたわけですから自民党を辞めて、飛び出さざるを得ないことになるでしょう」

菅は自分自身が「党籍離脱」というリスクを背負う肚を決めなければ、とても相手に勝てないと見越していたのである。

一方案の定、野中は激高し、すごんだ。

「私の政治生命と命を賭けて許しておかない。(加藤は)政治家の道でも人の道でもない」

野中は幹事長という権力を最大限に使い、加藤らを締め上げた。それは文字通り「強権支配」そのものだった。密室で森を総理に選んだ「五人組」の一人・亀井静香政調会長は、最終的に自民党が小渕後継として森を選んだ責任を糾《ただ》し、加藤派の切り崩しを図ってきた。菅は、派閥総会などでこう反論した。

「森総理を選んだ責任もあるが、辞めていただく責任もある」

菅は梶山を担いだ二年前の総裁選に続いて、確たる勝算もないまま、最大派閥の中枢を担っていた幹事長・野中の権力に盾突いたのである。

一方、師・梶山は森について、こう語っていた。

「政治は結果責任なんだが、誰も責任を取らなくなっている。そういう点では森さんは天下一品だ。彼はいままで責任を取ったことがない。いつもこれから全力を尽くすと言うばかりだ」

自民党政治に沈殿していた悪弊が露出したこの時こそ、その自民党を変える転機だったのではないかと私は思う。青木幹雄を中心とした「五人組」は、国民の前に小渕総理の正確な病状を伏せて「権力の空白」を招き、後継総理の選任を仕切ることに腐心した。極論すれば、小渕は生きているのか、死んでいるのかすら国民は把握できない密室政治だった。

加藤紘一

私は、総裁選が行われない無風状態が続くと、自民党は再び野に下る危険性すら常に内包していると思う。国民に向けて政策の旗を掲げ、互いに鎬を削った総裁選という権力闘争を経て総理・総裁が選ばれるのではなく、それを封じて、密室談合で総理・総裁を指名するという最悪のケースが演じられたのである。「俺は負け戦《いくさ》をやらない主義なんだけどなあ。戦争経験があるから」と言いつつ九八年の総裁選に挑んだ梶山を目の当たりにした菅だっただけに、森の選任は一種のクーデターのように映ったにちがいない。とても承服できるものではなかった。

しかもその梶山は闘病の末、二〇〇〇年六月に亡くなっていた。金融危機という嵐のなかで、国民の食い扶持という大義のために身体を張った得難い政治家は永遠の眠りについたのである。

もし乱の主役が菅だったら

密室で決められた権力に大義などがあろうはずはない。政権や党内の力関係が優先された権力は腐敗していると言うべきだった。

菅は失うものは何もない状態で衆院議員になった。これが、筋の通らないことには抗うという菅の構えにつながっている。しかし、闘いを挑み自民党を辞め、飛び出す覚悟を決めたからには、一歩も後に退くわけにはいかない。

しかし、野中の切り崩しは徹底していた。野中は、まず党の職員に命じ、加藤派と山崎派に所属する議員の選挙区事情を調べさせた。

「自民党を離れて小選挙区で勝てる議員がどれだけいるのか。

調べてみると、両派の議員の八割が地元で民主党候補と戦っていた。

小選挙区では一選挙区で党が公認する候補は一人。つまり加藤・山崎派が民主党と合併して新党を作った場合、両派の議員の多くは党の公認を受けることができなくなる。これでは選挙戦を戦うことは難しい。合併せずに連立を組むとしても、選挙区で一つしかない席を争った直後に協力などできっこない。

『加藤派の独立は無理だ』

私は確信した」（『老兵は死なず　野中広務全回顧録』）

野中は恫喝《どうかつ》の牙を剝《む》く。森総理の不信任決議案に賛成した場合、選挙の公認を剝《はく》奪《だつ》する、対立候補を擁立する、衆院小選挙区の支部長を外《はず》す、公明党・創価学会の支援を止めることもありうるなどというものだった。

新聞・テレビは加藤の側に立ち、ボルテージを上げた。野中は自身が「悪役」になる心積もりで最終通告をする。

「加藤さんは、過半数割れが怖くて党のほうから加藤派の除名はできないし、森内閣の支持率が低く選挙になったら負けが見えているので、内閣側からの解散もできないと踏んでいた。

私はこのままでは埒《らち》があかないと判断した。

強硬な手を打たねばならない。

私は北海道から党の事務責任者に電話を入れ、加藤、山崎両名の除名処分の書類を作るとともに、二人に離党勧告書を送るよう指示した」(前掲書)

「影の総理」「平成の闇将軍」との異名を取ってきた野中の真骨頂というべきだろう。政敵を潰してのし上がってきた、叩き上げの本性を露にしたのだった。

結局、加藤・山崎派は不信任案同調を取り止め、同案採択の本会議を欠席する。欠席者について党の処罰は一切なしということで折り合いがついていた。ここで勝負はついた。


菅はそれを前にして、右往左往していた加藤にこう語り掛けている。

「行きましょう。ここまで来て、行かなきゃ国民に見離されますよ。勝ったって、負けたって関係ないから、闘いましょう」

しかし、加藤は首をタテに振らなかったのである。

東大卒・外務官僚出身のエリートで世襲（二世）議員の加藤は、京都の郡部・園部町の農村から地方議員・町長、京都府議などを経て五七歳で衆院議員に転じた野中の敵とはなり得なかった。

もし「乱」の主役が、園部町議会議員からよじ登るようにして衆院議員にのし上がってきた野中の境遇にも似て、秋田の豪雪地帯の農村から出て、一年の政治家秘書から横浜市議、衆院議員と這い上がってきた菅だとしたらどのような展開になっていたかはわからない。が、最終場面でテレビの中継が入っているのに、その前で無念の涙を流し続けた加藤や谷垣禎一(現自民党幹事長)らは、いかにもひ弱だった。

「乱」には自由党党首・小沢一郎も共鳴。小沢は会見でこう述べた。

「自民党的なやり方では駄目で、体制を変えるという一点で共有できれば、政党とか与党、野党は関係なく共闘すればいい」

この発言も宿敵・野中をいたく刺激した。一方で、小沢は加藤グループの中でも菅の動静に着目し、周りに「菅の動きを見ておいたほうがいい」と漏らしていたという。梶山の総裁選出馬以来、小沢は菅の並外れた行動力に目を向けていたのだった。

野中はわずか一〇日ほどで「乱」を鎮《しず》める。菅はこの時のことを、「加藤さんが途中で引いちゃったでしょ。私はふてくされてね」と多くを語らない。だが、野中については、「肝の座った人だ。今の自民党には、野中さんのように自分の言葉で思うことを言える人が少ない」と終始、意識から離れない存在だったことを率直に認める。

一人ひとりの思いとしての票

「おう、どうしとった。今日は記者さんがぎょーさん、おるんや。それにしてもなあ、東北の雪深い山奥で親の脛《すね》をかじって育ってきた奴らには人の情《じょう》というものがないもんやなあ」

私は高輪宿舎にいる野中に電話を入れた。二〇〇〇年一一月末の深夜、野中番の新聞記者たちが宿舎から出るのを見計らい、私は宿舎のドアを叩いた。野中の顔には、加藤を押さえ込んだ気負いが漲《みなぎ》っていた。ネクタイを取り、カフスボタンをはずさないワイシャツ姿で野中は語った。

「野党と組んで政権を取ろうとするような奴を認めるわけにはいかない」

――加藤さんは、なぜ今回のような思い切った行動に出たと思いますか。

「(憮然《ぶぜん》として) 知らん」

――加藤さんと野中さんは、橋本政権の幹事長―幹事長代理コンビで反小沢の行動を共にした仲。野中さんは「(加藤とは) 魂と魂の触れ合う関係」と仰っていた。加藤さんの反乱に、何ら聞く耳を持たなかったのですか。

「加藤は自分から谷に入り溺《おぼ》れたんだよ。そんな奴のことは俺の知ったこっちゃない」

――勝ったのですか。

「戦争は勝たなきゃ」

――こんな戦争は虚しくないですか。

「そりゃあ、虚しいよ」

――戦争が終わった後、加藤さんから電話はあったのですか。

「あったよ。加藤は『党の改革をしようとしたのですが、お騒がせし、ご迷惑をおかけして申し訳ありませんでした』と言っとった」

——野中さんは何と。

「『まあ、また、会おうよ』と言った」

——痼《しこり》は残ったんじゃないですか。

「加藤はまあさておき、あっち（加藤グループら）には痼が残った奴が何人もいるようだね。時間がかかるだろうなあ、這い上がってくるまでは」

——加藤さんは外務省出身の二世議員だが、苦労が足りないのでしょうか。

「岩手（小沢の意）も山形（加藤の意）も、何の苦労もせずに親の財産でぬくぬくと育ってきた奴には、人生の苦しみや人の情《なさ》けが何もわかっていないんや」


野中が嘲笑した二世議員たちの政治。官僚出身の世襲議員には、たとえば田中角栄が「子どもの頃、俺はお袋の寝顔を見たことがなかった。夏は朝五時、冬は六時に起きたけれども母親はもう働いていた」と言ったような、世間の人々の人知れぬ苦労がわからないだろうと野中は言うのだ。「ぬくぬくと育ってきた奴」という言葉は、裏返せば政治というものは誰が主人公であるべきか、その本質を突いている。そして、その言葉の意味を身をもって知っているのが菅だった。

菅は小此木彦三郎から、横浜という大都市で国と折衝し、地方自治を積み上げることの意味と官僚の操作術を学んだ。神奈川県は戦後、横浜には米兵があふれ、基地の街・横須賀海軍基地や米軍厚木海軍飛行場（綾瀬市）、キャンプ座間（座間市）、池子住宅（逗子市）などの米軍施設が数多くある。彼はそこで、フェンスで仕切られた地域住民の抱える他にはない歴史を見ただろう。それは秋田にはない社会の現実だった。

梶山静六の背中からは、金融危機を克服する大義のために、総裁選の権力闘争に身を殉じても悔いなしという姿勢を学んだと思う。その総裁選で梶山は予想外の支持を得て負けるが、菅はその時、「梶山に投票すると確約した五人の名簿を、梶山にだけそっと手渡した」（『死に顔に笑みをたたえて』）という。小渕派の議員が秘かに梶山に投じた五票かもしれないが、いずれにせよわずか五票とはいえ、一回生の菅が必死になって確約を取った五票だったにちがいない。その時、菅は必竟、権力闘争とは「論」ではなく、一人ひとりの思いとしての票であり、地道な「票読み」の積み重ねだということを習得したのではないか。

挫折と敗北の繰り返しではあったが、苛烈な権力闘争のただなかで、菅は胆力をつけ政治の本質を身体で理解していったのであろう。

第五章　安倍政権の中枢で

「まち・ひと・しごと創生本部事務局」の看板を掲げる（左から）石破茂地方創生担当相（当時）、安倍晋三首相、菅義偉内閣官房長官（2014年9月5日、時事）

菅は相手を威嚇《いかく》したり、相手が萎縮するような言葉は使わない。思うことを諄々《じゅんじゅん》と説く。その身体から、ふと農家の軒下に積まれた藁《わら》の匂いすら漂ってくるような気持ちを抱かせる。

「総主流派体制」でいいのか

二〇一三年の年の瀬も押しつまり、大粒の雪がシンシンと降る晩のことだった。席にスッと腰をおろした菅はおもむろに口を開いた。

「官房長官として見ても、いま（安倍政権は）向かうところ敵なしの状態になっている。このままでいいのか。自分の置かれた状況が怖いぐらいだ。私は周りにいつも、『耳触りのいい話は上げなくていい。手厳しい話こそ上げてくれ』と言っているんだ」

菅は、生活の党代表（当時）・小沢一郎の存在にも触れた。

「小沢（一郎）さんが、本（「小沢一郎 妻からの『離縁状』」『週刊文春』一二年六月二一日号）で書かれたように、妻、息子らをないがしろにするような人だったとは驚いた」

第二次安倍政権が発足し、ちょうど一年が経っていた。安倍政権は高支持率を保ち、党内抗争と呼べるような波風も立たず、「安倍一強」「一強多弱」の政治という言葉がかまびすしく聞こえていた。

菅は、「向かうところ敵なし」という言葉を気負ったように発したのではなく、逆に批判勢力が出てこず、「総主流派体制」のような凪《なぎ》の状況を「これで、いいのか」と憂えているようにも見えた。

振り返るに二〇〇九年九月から三年間、野に下った自民党にとって小沢一郎は「宿敵」とも言える権力者だった。菅は自民党選挙対策副委員長（〇七年就任）の当時、『文藝春秋』（〇九年七月号）で小沢をこう批判していた。

「『話が表に出るのは、裏ですべてが結着した後』というのはかつての自民党田中派の得意技でしたが、完全にお株を奪われました。西松問題を完全に代表選にすり替え、小沢さんの権力は温存された。記者会見もやらなくていいし、党首討論も出なくていい。にもかかわらず選挙の公認権もお金の配分も握ったままですから、選挙担当の代表代行というのは最高のポジションでしょう。小沢院政、二重権力極まれりでしょう。（中略）

自民党だったら、こうなる前にとっくに小沢さんは引きずり下ろされているはずです。そうやって小沢さんを引きずり下ろした上で若い新鮮な人が代表になるのが実は一番怖かった。小沢さんが代表だった三年間、民主党は完全に小沢依存で、次世代のリーダーを育ててこなかった」

西松事件は、小沢の資金管理団体・陸山会が西松建設のダミー政治団体から得た献金を収支報告書に虚偽記載したもので、政治資金規正法違反容疑で〇九年三月、陸山会の会計責任者兼小沢の公設秘書・大久保隆規《たかのり》が東京地検特捜部により逮捕。当時、小沢の問題を正面から解明せずタブー視し、手をこまねいていたのが民主党だった。菅の前述の小沢評には、小沢を通じた彼の権力観があらわれている。

菅は、二〇〇〇年の「加藤の乱」以後も派閥によらず政治家の「意志」で総裁選を闘うための試行錯誤を繰り返してきた。

小泉純一郎の続投が確実だった〇三年九月の総裁選では、当時、自民党青年局長だった棚橋泰文現自民党幹事長代理ら衆参両院議員十数人らと若手独自候補の擁立をめざした。これには棚橋ら「青年局グループ」、下地幹郎ら「橋本派若手グループ」、渡辺喜美ら「無派閥グループ」が参加。しかし、候補者を含め二一人の推薦人にわずかながら達せず、総裁候補の擁立は幻に終わった。

そして安倍を擁立した〇六年九月の総裁選。派閥・清和会（当時、森派）会長の森喜朗元総理は、安倍よりも同じ派閥の福田康夫元官房長官の擁立を先行させ、安倍に立候補を思いとどまるように求めたという。

しかし、これに反発した安倍は、菅に安倍の事実上の支援団体になるグループ「再チャレンジ支援議員連盟」を立ち上げさせた。菅にとって森は「加藤の乱」以来の因縁の相手だった。同議員連盟には派閥横断的に国会議員九四人が参加。菅はその事務局長を務め結局、福田は出馬断念に追い込まれる。安倍が四六四票を獲得し、一挙に安倍へ傾斜したこの総裁選は、「真夏の雪崩《なだれ》」と呼ばれたという。先の〇三年の総裁選は、小泉一人の無風で終わりかねないことに危機感をつのらせたことから候補者の擁立工作が始まっていた。

その菅は、第三次安倍改造内閣に向けた一五年九月の総裁選で、安倍以外に候補者もなく無風になったことをどのように受け止めているのだろうか。

派閥政治の現在

菅は、私の郷里が岩手県だということにことのほか興味をそそられたらしく、岩手県南の「一関は」「北上は」と地名を挙げながら、「ああ、あそこの温泉町には行ったことがあるなあ」と懐しそうに語る。

菅は饒舌《じょうぜつ》な喋《しゃべ》り方をするわけでなく相手の言うことをジッと聞く。そして、ポツリポツリと言葉を返す。ただ、自分が育った秋田の郷里のことに話が及ぶと、「俺の中学の時はさあ……」と口調が滑らかになった。霞が関の官僚たちから時に、

「人斬り」と畏怖された人とは表向き感じさせることがない。

梶山を担いだ総裁選の後、菅が古賀誠のいる宏池会に所属したことは既に書いた。〇七年、安倍が第一次政権を退任すると、古賀ら宏池会は後継に福田康夫（清和会）を支持するが、菅はこれに異を唱え、麻生太郎の応援に回った。「自派から総裁選に陣を出すならまだしも、出さないなら他を応援するのは政治家の自由ではないか」というのがこの時の菅の弁だった。的を射た指摘ではないか。

さらに〇九年の総裁選で、宏池会を退会した菅は河野太郎現内閣府特命担当大臣（麻生派）の支援を表明している。本来、上意下達ではなく「個人の自由意志」の集積こそが派閥集団だというのが菅の考え方なのだろう。ただ菅が、麻生、河野を支援したことも、師・梶山を起点に据えればわかりやすい。二人とも梶山支援で駆けずり回った同志だったからである。「個人の意志」で総裁選に出た梶山の「遺志」は菅の中で生きていた。

菅は九六年からわずか六回の当選にして一気に官房長官にまで駆けのぼった。その経歴は、八三年に初当選し、わずか一〇年余りで小渕政権の官房長官に就いた野中広務に似ている。

当選回数の浅いうちから権力闘争に身を投じてきたという点も、菅は野中と共通していた。九八年の総裁選で梶山静六を担ぎ、二〇〇〇年の「加藤の乱」では志なかばにして挫折するものの、森政権に異を唱える行動を取ったことの意味は大きかった。

負けるかもしれないというリスクを負った権力闘争ではあったが、権力は決してぶら下がっているものでなく、自ら闘って勝ち取るものだということを否応なく菅に知らしめたからである。

総裁選に出馬した九八年当時の梶山の認識は、「派閥メンバーで総理・総裁を競う時代は終わった」というものだった。

菅自身も〇九年、宏池会を脱退する際はその理由を、「派閥は古い体質の象徴と言われている」と述べている。

確かに、選挙区で一人だけが当選する小選挙区制が九六年に導入されてから、同じ選挙区で自民の候補者同士が争うことはなくなり、派閥領袖の役目は低下した。しかも政治資金規正法の強化で領袖のカネ集めが厳しくなる一方で、政党交付金の導入で党執行部に資金配分の権限が集中し、派閥の持つ力は弱くなった。

しかし目を転じると、自民党は依然、派閥政治が大手を振ってまかり通っているのが実態だ。

一五年一一月現在細田派九五人、額賀《ぬかが》派五三人、岸田派四五人、麻生派三六人、二階派三四人、石原派一五人、山東派一〇人、無派閥九九人であり、同年九月結成の石破派（水月会）は二〇人になる。

その石破派は「ポスト安倍の布石を目指す」と謳うものの、第三次安倍改造内閣で各派閥は総裁選で候補者を出さずに安倍政権になびいたようにすら見えた。派閥が総裁選という権力闘争を放棄したら、派閥の存在理由は霞むばかりだろう。繰り返し言うのだが、自民党にとってそれは不幸な状態ではないか。それを最も熟知しているのは他ならぬ菅自身ではないだろうか。

梶山から菅へ、沖縄問題はどう継承されたか

本章冒頭の二〇一三（平成二五）年一二月に菅と会った時、沖縄・普天間飛行場（宜野湾市）の辺野古（名護市）移設問題は大詰めに入ろうとしていた。

「沖縄の問題は、アメリカとの、もしくは日米安保の分水嶺になる。沖縄県の仲井眞（弘多）知事（当時）はわかってくれていると思う。名護・辺野古への移転問題は昨日今日、始まった話ではない。俺は、梶山（静六）さんの墓前に、官房長官の就任挨拶に行った際（一三年一月）、『私の時に名護は決着させます』と報告してきたんだ」

菅が「私が名護は決着させる」と誓った当時の沖縄県知事は仲井眞弘多だった。知事がその仲井眞から翁長雄志に変わったのは一四年一二月。仲井眞は普天間飛行場の移設に伴う辺野古（名護）沿岸部の埋め立てを承認（一三年一二月）したが、その後の翁長知事は辺野古移設そのものに反対し、埋め立て承認取り消しを求めてきた。

一九九九年、当時の稲嶺恵一沖縄県知事が普天間飛行場の移転先として名護市辺野古をあげて以来、紆余曲折しながら今の対立状態に至る。

梶山静六は橋本内閣の官房長官当時、沖縄の米軍基地問題に心を砕いた政治家の一人だった。

在日米軍基地は民有地の場合、国が地主と賃貸契約を交わし、米軍に提供する。ただし土地所有者に契約を拒まれた土地は、土地の公告・縦覧手続きを知事に代行させ、県収用委員会の決定を経て強制使用できる権限を得た後に、米軍に提供――この手続きを定めたのが「駐留軍用地特別措置法」(特措法)だった。九六年になると、使用期限が切れ、不法占拠となる土地が現れた。仮に知事が代行手続きを拒み、国が使用権限を得られなければ不法状態で米軍に基地を提供することになるのである。

九六年五月、それまで内在していた沖縄住民の不満が爆発するかに見えた。

先の県収用委員会による公開審理が進まず、同月一四日の契約期限切れに間に合わなくなりかねない状態を迎える。もし、そのまま基地の使用期限が切れれば、一足早く期限（九六年三月）の切れた楚辺通信所用地（読谷村）、いわゆる「象のオリ」のように一部土地に地主の立ち入りを認めざるを得なくなる。その結果、安保条約に鑑《かんが》み日本は米国に対し基地用地提供の義務を果たせなくなる――。

特措法改正案は、こうした事態を避けるため、国に土地の暫定使用を認める内容だった。結局、改正案は与野党多数で可決の運びとなるが、これとは別に、終戦を満州で迎え、戦争の最後の激戦地となった沖縄の惨状を知る梶山は、これまでと同様に沖縄の地主に基地使用を負わせることになる特措法改正案の成立に心を痛めた。

「沖縄問題が頭から離れないんだ。オキナワ、オキナワ……」

誰彼となく、梶山はそう呟いていたという。

既述したように、野中広務が「この法律が軍靴で沖縄を踏みにじる結果にならないように」と国会本会議で述べたのは、この時だった。

「愛郷無限」という精神のリレー

菅が墓参りをした梶山静六の墓所は、茨城・水戸駅から水郡《すいぐん》線に乗り換え常陸太《ひたちおお》田《た》駅で下車。そこから車で五、六分、小高い畑地を走り、森を分け入ったところに作られていた。ちょうど生家の裏手に当たり、梶山が子ども時分、日の暮れるまで駆け回った森に抱かれて安らかに眠っているようだ。

墓所の入り口には枝振りのいい山桜の樹が植えられ、右手に紅葉《もみじ》の樹が風にそよいでいた。細い道を入ると、道端にさかきが所狭しと植えられ、それは門を入り一〇〇坪程の墓所まで繋がっている。墓所には梶山一族の七基の墓を中心に並べられ、梶山の白い墓石の脇に備えられた柱には「享年七十五　平成十二年六月六日帰《き》幽《ゆ》」と記されていた。帰幽とは、神道で神の世界に帰すことを意味する。

墓所の周りは細い幹の杉が何本も繁り、その一角の広場に眼鏡を掛けた梶山の顔を刻んだレリーフが埋められた石碑が建っている。そこには、こう記されていた。

「私の政治信念は『愛郷無限』の四文字に込められている。
故郷を想う心なくして国を愛することはできない。
国の発展なくして故郷が豊かになるはずがない。
この限りない想いを抱いたときから
政治家としての歩みが始まり
この志を貫くことが私の信念となった。
いつの日か大きく実った故郷を見つめ
我が人生に悔いなしと言えるその日まで
私は全力を尽くしていく。」

レリーフに刻まれた「故郷を想う心なくして……」という文字が目に入った瞬間、私は、政治家・菅義偉の半生にも重なる精神のリレーを見た気がした。

菅は一八歳で故郷の秋田・秋ノ宮を飛び出した時にすべてが始まった。帰りたくとも帰れない郷里を一人偲びながら、粉塵舞う段ボール工場で汗に塗れ古紙を運んだ青春が菅の出発点だった。その、望郷意識こそ菅の支えであり政治家としての信条に繋がるのではないか。

「愛郷無限」、それこそ梶山が菅に最も伝えたい言葉だっただろう。梶山の生まれ育った常陸太田の片田舎の風景は雲が低く垂れ込め、菅の故郷・秋ノ宮と似ていなくもなかった。

「安倍あっての菅」でいいのか

梶山は「武闘派」と呼ばれ、ロッキード事件で逮捕された田中角栄が保釈された際、「ヤクザでも刑務所から出る時は迎えに行く。最後の道徳を持つ政治家が行かないでいいのか」と拘置所まで迎えに出向いた。その姿勢が批判され、その後の総選挙で落選した逸話を残す。

菅は、『追悼　梶山静六』の中で、「私が国会議員として間近に接するようになってからの梶山先生は、かつて『経世会の武闘派』と呼ばれた強面ぶりは影を潜め、国家を憂える政治家に変身していました」とした上で、こう追憶する。

「総裁選（九八年）後も梶山先生の思いは常に国家の将来にありました。『菅君らは大変な時に政治家になったなあ。俺が当選した当時は今年よりは来年、来年よりは再来年と国が良くなっていくことを肌で感じられたが、これからは全く逆の時代になった。それなのに政治家には、そのことに対する危機感がなさ過ぎる。俺は経済や社会保障、防衛について自分なりに問題提起する。若い連中は自由に批判しろ。もう数の政治ではなく政策によって人が集まらなければならない時代だ』というのが口癖でした。

私は偉大なる『憂国』の政治家梶山静六先生の側にお仕えしたことで、未来へのメッセージを受け取ることができたような気がします」

小沢一郎と加藤紘一の二人を、「情というものがない」と評した野中広務。故郷を思い、平和を愛し、沖縄の痛みに心を寄せ続けた梶山静六。権力闘争を生き抜いた二人の官房長官経験者に通底するのは、情の政治家だったという点だろう。

菅が時に口にする、「向かってくる敵がいないんだよな」という言葉は、ただ権力闘争の再来を望んでいるのではなく、このまま「総主流派体制」のような危機感のない政治でいいのか、という心境から発しているのではないだろうか。現在、安倍が総裁に再登板した後に行われた二〇一二年と一四年の総選挙で初当選した衆院当選一、二回生は四割を占める。この四割はこのまま行けば一八年九月の総裁選まで総裁選を経験しないままで過ごすことになる。一回生で四年、二回生では六年にもなる。

これだけの時間を本格的な権力闘争のない「平時」で過ごすとどうなるか。ここに、これからの政治状況を解くカギが潜んでいるように思う。

菅は、「梶山さんは国民の食い扶持のために体を張った政治家だった」と語るが、その菅が梶山を凌駕《りょうが》する政治家になるなら、いつまでも「安倍あっての菅」でいいはずはないだろう。菅は、師をも凌《しの》ぐ「情の政治家」になるのだろうか。

菅に、「いつまでも『安倍あっての菅』でいいのか」と私は率直に問うた。しかし、菅は目許に笑みを浮かべるだけだった。

菅の小泉純一郎潰し

小泉純一郎元総理は、一四年二月の東京都知事選で細川護熙元総理を担ぎ出した。自民・公明の推す候補は舛添要一《ますぞえよういち》元厚生労働大臣。小泉は、「我々はいつ死んでもいい。でも、もっといい国を残して死のうじゃないか」と脱原発を訴え、それに呼応するように小泉の次男の小泉進次郎復興担当政務官（当時）は舛添をこう切って捨てた。

「党を除名された方を支援することも、支援を受けることもよくわからない。私に応援する大義はない」

事実上、細川、舛添、日弁連前会長・宇都宮健児《うつのみやけんじ》（共産・社民推薦）の三人の争いになった都知事選は、いきおい脱原発が争点の一つに浮上しヒートアップ。告示（一月二三日）直後、陰で陣頭指揮を執っていた菅は私のインタビューに緊張した面持ちでこう語った。

「ある調査結果を見ると、〈問い・誰を支持するか〉で舛添約四五％、細川約一九

%、また〈問い・もし今投票するとしたら……〉では舛添約二六%、細川約一二%、宇都宮約一二%近くになっている。細川さんが宇都宮さんに負けることだってありうるんだよな。だいたい、細川さんはある日、宿泊先のホテルオークラから午後三時頃出て来て、二ヵ所ほど回り、あとは任せたというような遊説のやり方らしい。これじゃあ、人はついてこない」

――細川のバックに控えている小泉純一郎の存在をどう見ていますか。

「あれほどカリスマを持っておられた人が、細川さんと一緒に演説に立ち懸命に応援している。そのぐらい、小泉さんは大きな勝負に出たんだ。それで、細川さんが負けるようになれば、小泉さんは普通の政治家になるだけだ。これで、終わりになるだろうな。誰も相手にしなくなるんじゃないか」

――菅さん（神奈川二区）は横須賀を地盤にした小泉親子（同一一区）と同じ県内。以前、「あの（小泉）親子は特別だ。他人が入りにくい」と言っておられたが。

小泉純一郎

「そう思っていたが……。（小泉は）細川さんで本当に勝てると思っていないかもしれないが、大勝負に出た。それで細川さんに乗ったんだから、これで終わりだろう」

菅は表情を変えることなく、「小泉さんは終わりだ」と突き放す。その手厳しい言葉は、二〇〇〇年に「加藤の乱」を鎮めた際の野中広務が、「加藤（紘一）は自分から谷に入り溺れたんや。そんな奴は知らん」と放った乾いた言葉を彷彿《ほうふつ》とさせた。

旧聞に属するが、小泉は自らの引退表明と次男・進次郎（当時二七歳）の「襲名披露」を兼ねた横須賀での会合（〇八年九月）で、こう発して憚《はばか》らなかった。

「私が二七歳だった頃よりも（進次郎は）しっかりしている。政治家になる気があるか、と聞いたら『なりたい』と言った。でき得れば、親バカをご容赦いただき、ご厚情を進次郎にいただければと思います」

進次郎は、政治を家業とした小泉一族の四代目を父から襲名した。しかし、自ら「聖域なき改革」を謳いながら、自分自身は旧態依然とした世襲政治に拘泥《こうでい》する小泉に、当時「世襲禁止」を持論とした菅は釈然としなかった。誰も小泉批判をしない中、公の場で批判の口火を切った自民党議員は菅だったという。その時の小泉批判が、都知事選での「小泉純一郎潰し」の底流にあるのかもしれない。ただ進次郎について菅はこう語る。

「俺は（進次郎に）何も言っていない。進次郎自身は非常に礼儀正しい好青年であることはたしかだ。ただ、親の背中を見て育っているからなあ。いざ、という時には（進次郎も）何か言いたくなるんだろう。今は何も言っていないが」

石破が入閣するかが焦点

第二次安倍改造内閣（一四年九月）がどのような構成になるか、一四年三月上旬段階で菅に訊いたが、「まだ先の話だ」と素っ気ない。

第二次安倍改造内閣の焦点の一つは石破茂幹事長が入閣するか、それとも次の総裁選に立つことを睨《にら》んで入閣を見送るかの去就にあった。入閣を見送れば、安倍へ反旗を翻すカードを切ったも同じと見られるだろう。石破の側近・鴨下一郎《かもしたいちろう》、山本《やまもと》有二《ゆうじ》ら国会議員三七名が当初参集し、石破を仰ぐ「無派閥連絡会」を立ち上げたのは一三年一月だった。

その石破が自身のブログで、特定秘密保護法案に反対する市民デモに反発して、「単なる絶叫戦術のデモは、テロ行為とその本質において変わらない」という趣旨の発言をして物議を醸《かも》したのは一三年一一月だった。菅は突き放すような口振りで言った。

「あの人は、大人気ないなあ」

菅は、「デモは運動の一つ」と語る。菅が法政大学に入った当時、デモは日常風景の一つだった。その菅にすれば、石破の「テロ行為と変わらない」という主張は、妄想が先走ったような発言としか映らなかっただろう。

しかし、菅に石破への処遇を問うても、「石破さんは真面目な人だから」と語るのみだ。では、菅自身の処遇はどうなるのか。

「俺は霞が関（官庁街）で、『官僚人事を牛耳っている男』と言われているのをわかっている」

永田町はジェラシー（嫉妬）の海だ。陰で菅の存在を心よく思わない人もいて当然なのが永田町の摂理《せつり》である。

かつて野中広務は私にこう漏らしたことがある。

「男の嫉妬は権力が絡むと始末に負えなくなるんや」

再び菅に問うた。

――一部に菅さんが自民党幹事長に就くのでは、という憶測も出ていますが。

「幹事長？　人事は総理の専権事項。それよりも経済だろう。四～六月は補正予算などで乗り切って、そこから先の景気は明確に見えているとは言い難い。秋に消費税を上げるのは正直、難しいんじゃないか。

俺のことで言えば、誰も『次の総裁は安倍さんに』と言わなかった時から、安倍さんを総理総裁に引っ張

石破茂

った。そのことは安倍さん本人がいちばん知っている」

――その辺を勘案すると、菅さんは官房長官留任ということになるが。

「ウーン（そうかな、というニュアンス）」

――他閣僚候補はどうですか。たとえば小渕優子とか。

「いいね、彼女は。当然のことだが今の時点で、この人は閣僚に適さないと言えないでしょう。ただ、入閣の候補となる女性は少ないんだよなあ」

この段階（一四年三月）で小渕優子は入閣の有力候補にのぼっていたのである。

俺は安倍を担いだ――。この言葉は安倍と菅自身の関係を語る時、菅の口をついて、たびたび出る言葉である。

安倍の靖国参拝をどう考えるか

安倍の靖国神社参拝（一三年一二月二六日）について、菅は事前に安倍の「参拝を止めた」と永田町界隈で指摘する声がかまびすしい。

靖国参拝は安倍の政治姿勢を占う一つのメルクマールである。参拝から約三ヵ月後の一四年三月、菅に質した。

――安倍さんが靖国参拝に行くことを知ったのはいつですか。

「何日も前だ」

――何日も、とは一週間ぐらい前のことですか。

「まあ、そのぐらい前かな。その頃、日中韓にとくに騒ぎになる事案がなかった。一方で、安倍総理は（第一次政権で）靖国参拝に行けなかったし、参拝が念願だった。アメリカの大勢は反対だったが……。ただいつかは靖国に行く、それが第一に念頭にあった」

安倍が総理を務めてからこの時点まで、韓国・朴槿恵《パククネ》大統領との日韓会談、中国・習近平《シーチンピン》国家主席との日中会談は開かれていなかった。安倍と習近平国家主席との日中首脳会談が実現したのは一四年一一月のことだ。

——アメリカのメディアは安倍総理を「危険なナショナリスト」とも批判していたが。

「アメリカは『失望した』と。失望は『残念』という意味も持っている。一方で、アメリカ自身は中韓にあまり騒がないように要請していたようだ。アメリカの（靖国参拝批判の）反応は誤算でもない」

安倍の靖国参拝については、この後も重ねて菅に問うことになるが、それは後述する。

小泉進次郎の弱点

——ところで永田町界隈では、小泉進次郎を「将来の総理候補」と囃す声が絶えない。その一方で、菅さんは「反原発」を唱える純一郎さんを改めてどう思っているのですか。

「小泉（純一郎）さんは政治的に終わった人だから。ただ、原発再稼働で『ハーイ』と（反対の）手を上げていなければ小泉さんじゃないだろう」

小泉は、一四年二月の東京都知事選で担いだ細川元総理が舛添元厚生労働大臣に惨敗したものの、その細川と「一般社団法人自然エネルギー推進会議」を設立するなど依然、脱原発に向け意気軒昂としているかのように見える。が、菅は都知事選から二ヵ月後の一四年四月上旬、小泉は「過去の人」と言わんばかりに突き放す。

一方、私は同年四月上旬、東京・永田町の自民党本部幹事長室で石破茂幹事長に会った折、小泉進次郎の将来について尋ねた。石破は「四〇歳までに、国を動かす男にしたい」と胸の内を明かした。じつは後に知るのだが、進次郎が「私は四〇歳まで入閣しない」と語った、というたしかな説がある。いったい、小泉自身は進次郎にどのような思いを抱いているのだろうか。

「原発ゼロ」発言で脚光を浴びた一三年八月、小泉はある全国紙政治部記者と東京・赤坂の日本料理店で会っていた。その席で、記者は内心気がかりだったことを小泉に尋ねている。今の進次郎をあなたはどう見ておられるのですか、と。

すると、少し間を置いて、こんな言葉が小泉の口をついて出た。

「進次郎か……進次郎ねえ。あいつは、これからどうしていくのかなあ」

そしてこう言った。

「俺は、みんなから期待されないで総理になったけど、政治家としてみんなから期待されているあいつは、どうなるのかなあ……」

記者は、言葉少なにポツリポツリと話す小泉に、「変人で鳴らす彼もまた息子の身を案じているのか」と感じたという。

小泉は、また別の機会に、周りにこう口にして顔をほころばせたという。

「進次郎は俺なんかよりずっと出来がいい。なかなかのタマだ」

「あいつがこれほど勉強しているとは思わなかった」

菅はその進次郎について語る。

「小泉さんは、すごく進次郎のことを気にかけている。つくづく子思いの人だと思うよ、本当に。子は親の背中を見て育つと言うが……進次郎は今、懸命に雑巾掛け

宮城県女川町で、復興状況について説明を受ける小泉進次郎内閣府政務官（中央、2013年10月4日、時事）

をしている。

私は、進次郎が復興政務官（当時）に就くにあたって、『他にいくつか（政務官の）ポストはあるぞ』と言ったんだが、進次郎は『いや、これ（復興政務官）をやりたいんです』と言うんだ。進次郎は、月一回のペースで自分で作った復興のプランを持ってくるほどだから、これから伸びていく子だよ。ただ、気になるのは非の打ちどころがないというか、進次郎の周りに率直に意見の言える身近な側近がそばにいないということかな」

進次郎は、とりわけ父・純一郎が脱原発

を唱え始めて以来、「父は父、私は私」と繰り返すようになった。菅は、「子は親の背中を見て育つというからな」と小泉親子の世襲政治にクサビを打ち込みながらも、進次郎の存在に目をかけているようだ。

後に、先の自然エネルギー推進会議は「朝日新聞」（一五年一〇月二六日付）に一頁の意見広告を打った。そこには小泉発起人代表、細川代表理事が並び、「3・11のあと日本は、原発ゼロでやってきた。これからも。原発は、安全で、一番安く、クリーン。これ、全部うそだ。」というコピーの文章が躍っていた。

「勝負に出る」ことで得るもの

菅は石破の処遇を巡り、改めてこう語る。

「石破さんは（内閣に）入る、残る、と言われているが、私はどちらでもいいと思う。総理も同じ。つまり石破さんに任せるということだ」

自民党関係者は言う。

「石破さんは、安倍さんからの入閣の要請を受けるんじゃないか。石破さんは無役になって後に勝負するという政局観を持っている人のようには思えない。政局の人じゃない。その意味では安倍さんのほうが政局の人かもしれない。石破さんが入閣を断ったら、安倍さんは『断られたから』と理由づけができる。ただ、安倍さんはいったん敵と見たら、どこまでも根に持つタイプ。そっちのほうで政局の人だ」

菅は、言葉が少ない分、容易に自分の肚の内を窺わせようとしない。改造を乗り切れば、第二次安倍内閣はいよいよ長期政権になるのだろうか。菅に尋ねた。

「長期になりそうだ。俺は安倍さんを支える側でいく、そういうことだ。しかし、今の自民党で表立って安倍さんに異を唱えられる人はいないんだよなあ、敵がいないんだよ」

菅は横浜市議から衆院議員に転じ、早くから党内の権力闘争に身を投じてきた。永田町では勝負に出ることを「張る」とも言う。繰り返しになるが、「敵がいない」という言葉は、決して驕りから出た言葉ではなく、もっと勝負に出るべきではないか、もっと緊張感のある政治をやるべきではないかと言わんとしているようだ。失うもののなかった菅にとって、「張る」ことで得たものは決して少なくなかったにちがいない。

後の第三次安倍改造内閣（一五年一〇月）で小泉進次郎は自民党農林部会長に就いた。TPP（環太平洋経済連携協定）の交渉が妥結し、農業対策が浮上したときたん、その農林族議員のまとめ役となったわけである。「日本経済新聞電子版」（一五年一〇月二七日付）によると、進次郎は当初、純一郎が「大蔵族」を歩んできたことと二重写しのように、財務省・金融庁と関わりが深い「財務金融部会長代理」を希望していたという。

進次郎は語っている。

「自分にはまだまだかけるべき雑巾がけの期間がある。当選回数だけじゃなくて、僕には年齢も足らないから。（現三四歳は）若すぎる。政治の世界では」

「おおさか維新の会」の結党大会にて、橋下徹代表（左、大阪市長）と松井一郎幹事長（2015年10月31日、時事）

個別的自衛権か集団的自衛権か

一方で菅は、後に分裂する日本維新の会共同代表（当時）の橋下徹《はしもととおる》（前大阪市長）、幹事長（当時）の松井《まつい》一郎《いちろう》（大阪府知事）との友好関係を説く。二〇一四年四月上旬のことだ。

「橋下さんと松井さんとは前から会っているし、おそらく国政にも出てくると思う。橋下さんは労組ともぶつかり、大阪を変えようとした。改革者だ」

菅が初めて橋下と会ったのは、菅自身が自民党選対総局長から同選対副委員長を務めていた〇七年頃。大阪の国会議員・市会議員らから、「橋下を市長選に出したいので党として説得してほしい」という要請があり、菅は橋下と会う。結局、市長選への擁立はかなわなかったものの、この時橋下は菅に、「こんな若僧に声をかけていただき感謝しています」と礼儀正しい挨拶を返してきたという。さらに、菅は「橋下さんは大阪を捨て身で改革してきた」と言う。

橋下は大阪市長を任期満了で退任した一五年一二月一八日、「持てる力を全部出し切った。これ以上やるのは無理」と述べたが、永田町界隈で額面通り受ける人はいないだろう。大阪府知事就任（〇八年）以来、八年間の橋下の突破力には目をみはるものがあり、「橋下劇場」の再来を期す声は少なくない。

——戦後政治の転換点となる集団的自衛権行使の容認を巡る与党内論議は、自民・高村正彦《こうむらまさひこ》副総裁と「個別的自衛権」に重きを置く公明・北側一雄《きたがわかずお》副代表は嚙み合っていないように見えるが、同床異夢か。

「異夢じゃない。同夢だよ」

来日したオバマ米大統領は一四年四月、安倍総理と首脳会談。会見でオバマ大統領は、中国が領有権を主張している沖縄県尖閣諸島（中国名・釣魚島）に言及し、「日本の施政下にある領土は、尖閣諸島も含め日米安保条約第五条の適用対象になる」と述べ、武力衝突が起きた際は米軍が防衛義務を負うことを明言した。

ロイターによると、この趣旨の発言は、これまでもヘーゲル国防長官などが示してきた米政府の公式見解だが、初めてオバマ大統領が発信することで、中国を牽制する形になった。

安保条約第五条は「日本国の施政の下にある領域における、いずれか一方に対する武力攻撃が、自国の平和及び安全を危うくするものであることを認め、自国の憲法上の規定及び手続に従って共通の危険に対処するように行動する」などと定めている。

そして一四年四月下旬、私は菅に質した。

――オバマ米大統領が「尖閣諸島も安保の対象になる」と言及したことは集団的

自衛権行使の議論に与える影響は大きいですか。

「そりゃあ、大きい。オバマ大統領自身が尖閣諸島に言及して安保を語ったことは今までなかったことだ」

――集団的自衛権行使の問題はその容認に慎重な公明党の対応が依然、ネックのようですが。

「うん。公明党は最初から広げて捉えるから。狭いところから横に積み上げようという時に……」

――公明党は、他国からの武力攻撃に対し自国を防衛するために武力を行使する国際法上の権利、いわば「個別的自衛権」で対処できないのか、との主張もしているようですが。

「そうはいかない。『集団的自衛権』と『個別的自衛権』では考え方自体がちがってくる。たとえば、ミサイルがアメリカに向けて飛んで行く時に日本は指をくわえて見ているのですか。そうはいかないでしょう。だから、公明党も最後はわれわれと同じ方向に向いてくると思う」

――公明党は山口那津男代表の存在が大きいのですか。

「いや、誰がというのではなく公明党全体だな」

公明党との必死の折衝

公明党は当初集団的自衛権ではなく、個別的自衛権の行使で対応していくという戦略を練っていた。あくまでも集団的自衛権の行使容認を実現しようとする自民党とは水際まで鎬を削る。そのことは、『安倍政権の裏の顔「攻防　集団的自衛権」ドキュメント』（二一五年九月）の次の記述からもうかがえる。

「二〇一四年五月二〇日。自民、公明両党による『安全保障法制整備に関する与党協議会』の初会合が開かれた。（中略）

座長代理に就いた北側（注・一雄公明党副代表）は初会合の冒頭のあいさつで、『安全保障上の必要性につきましては、まずは、具体的、現実的に論議させていただきたい』

と訴えた。

具体的な事例に沿って、議論を進めていくのは公明党の作戦だった。四月上旬、政府に、『集団的自衛権が必要という具体的な事例を示せ』と求めた。

政府の事例を、

『個別的自衛権や警察権で対応できる』

と論破し、『グレーゾーン事態』や『国際協力』の事例から先に議論を始め、集団的自衛権を後回しにして時間を稼ぐ。こういう戦略も頭にあった。

これに対し、政府は水面下で、事例を次々と公明に出してきた。(中略)

四月下旬、まず九事例が示された。グレーゾーンが三事例、国際協力で四事例、集団的自衛権が二事例という内訳だった。ところが、大型連休のころには一三事例に増え、さらに一五事例にまで膨らんでいった。

公明は代表の山口那津男、北側、井上、国会対策委員長の漆原良夫ら、最高幹部が集まり、

『現実性がない』
『これは個別的自衛権だ』
などと事例を精査した。
幹部は悲壮な覚悟で臨んでいた」

一四年五月上旬、菅は私を前にこう意気込んだ。
「五月に安保法制懇（安全保障の法的基盤の再構築に関する懇談会）から集団的自衛権行使の容認をめぐる報告書が出る。これと懸案の消費税一〇％をめぐる論議の二つがこれからだ。それがある程度まとまった八、九月頃に内閣改造か。改造では俺だってその対象だ。俺は、何もない時から安倍さんを支えた。その気持ちは変わらない。安倍さんを支えていく。（改造は）できるなら、人を変えずにこのままいきたいところだが、（入閣の）待機組も結構いるからなあ。それにしても、第二次安倍内閣で見ても、閣僚が一人も欠けずに五〇〇日を超える（一四年五月九日）のは歴代でも稀なことだ」

集団的自衛権を必要とする理由

——元官房長官で元参院会長の青木幹雄さんは息子（青木一彦参院議員、五四歳）に政治家を譲った後も依然、参院に力を持っているようだ。菅さんは定期的に青木さんに挨拶に行かれるのですか。

「うん、月一回ぐらいかな」

——青木さんは今でも参院に影響力があるのですか。

「（影響力は）参院というより経世会（現平成研）に、だな」

——青木さんは永田町・砂防会館に事務所を持ち、同じ会館には自民党幹事長や宏池会名誉会長などを歴任し、一二年に政界を引退した古賀誠さんがいる。古賀さんの影響力はどうですか。

「岸田派（宏池会）だな」

——お二人とも政界を引退されているのに力を持ち続けているのはある種、奇異なことですね。

「…………」

会話が跡絶えると菅は内ポケットから携帯を取り出す。電話で用件を伝えるためではない。携帯を操作し、安倍内閣の支持率や株価などの経済指標を知るためだ。

「まあ、この程度の支持率なら大丈夫でしょう」

菅は、誰にともなくそう呟く。

「日米関係を強固にしていかなきゃならない。それが、まず大事。これまで集団的自衛権の行使について想定してこなかったことをやらなきゃ。これまで手をつけてこなかったんだから。時代は変わった。中国の軍事費はこの一〇年で四倍に増加、韓国に日本人は四万人いるんですよ。表立っては言えないが、たとえば中国を想定し抑止力を高めなくてはならない」

一四年五月下旬、菅はそう語った。集団的自衛権の行使容認への安倍総理の決意は固い。その背景には、本書冒頭に述べたように、六〇年前の一九五五（昭和三〇）年一一月、保守合同で自由民主党（自民党）の結成に尽力し、初代幹事長に就いた祖父・岸信介の存在が色濃く投影されている。岸から安倍へと受け継がれた改憲への思いについて、改めて触れてみたい。

菅は岸信介をどう見ているか

六〇年に新日米安保条約（日本国とアメリカ合衆国との間の相互協力及び安全保障条約）を成立させた岸信介の次の念願は、憲法改正だった。岸は、その憲法改正で、「日本が侵略された場合にはアメリカが、そしてアメリカが侵略された場合には、日本がこれを助けるという、いわば日米一体の完全な双務条約」（『岸信介証言録』）をめざした。しかし、これは達成されなかった。障害となったのが現憲法、なかでも第九条第一項（戦争の放棄）、同第二項前段（戦力の不保持）、同項後段（交戦権の否認）であり、これを改正し改憲を阻むものを取り除きたい――。自民党結成時、岸は「党の政綱」（五五年一一月一五日）の中の「独立体制の整備」でこう謳った。

「平和主義、民主主義及び基本的人権尊重の原則を堅持しつつ、現行憲法の自主的改正をはかり、また占領諸法制を再検討し、国情に即してこれが改廃を行う。

世界の平和と国家の独立及び国民の自由を保護するため、集団安全保障体制の下、国力と国情に相応した自衛軍備を整え、駐留外国軍隊の撤退に備える」

ここで憲法改正は自民党の「党是」となり、岸の描いた憲法改正へのグランドデザインはここから始まる。しかし、道は平坦ではなかった。岸はその無念を『自由民主党党史』の中で、「政策は口先でいうだけならだれでもできる。要はその実現だ。しかし、いまに至ってもできなかったものがある」としたうえで、先に触れたようにこう綴る。

岸信介

「国内問題では、憲法改正、つまり自主憲法の制定を謳いながら、それが見送られている。改憲には国会の三分の二を制することが前提となるが、実際問題として三分の二を占めることはきわめて困難だ。まあ、実情に照らして解釈のうえで現憲法を運用していくしかない」

岸は、「もう一遍、私が総理になってだ、憲法改正を政府として打ち出したい」(『岸信介証言録』)のだが、その夢を果たせない障害があるなかにあっては「解釈のうえで現憲法を運用していく」という方針を打ち出したのである。それをさらに一歩進めて、集団的自衛権の憲法改釈の変更に持ち込んだのが岸の孫・安倍晋三だった。安倍は語っている。

「(アメリカと)真の対等な関係になるには、まずは条約を結んで日本、極東の安全を手に入れるとともに、終戦直後に米国が短期で作ってしまった日本国憲法を改正する必要があるのです。そうでなければ、軍事力を持たない日本は、アメリカに全部頼ることになります。憲法改正によってようやく自主独立が達成されるというのが、祖父らの考え方でもありました。

その意味でも日本は、集団的自衛権の行使について、憲法の解釈を変更して認めるべきだと私は考えています。それは安保条約を変えて、防衛義務を日本に課すということではありません。条約上の義務は負っていないけれども、日本がそれをできるようにしておくことで、本当の意味での対等な関係になっていくと思うのです」（『新潮45』二〇年六月号）

自民党幹事長だった〇四年一月、安倍はすでにこう語っている。

「いうまでもなく、軍事同盟というのは〝血の同盟〟です。日本がもし外敵から攻撃を受ければ、アメリカの若者が血を流します。しかし今の憲法解釈のもとでは、日本の自衛隊は少なくともアメリカが攻撃されたときに血を流すことはないわけです。実際にそういう事態になる可能性は極めて小さいのですが。しかし完全なイコールパートナーと言えるでしょうか」（『この国を守る決意』）

安倍は、自民党を作ったのは祖父・岸信介だというオーナー意識を子どもの頃から折に触れすり込まれてきたにちがいない。岸は憲法改正の夢を果たせなかったが、憲法解釈の変更に踏み込むなら集団的自衛権の行使の容認（安保法制）が入口だという岸からの「遺言」があったとしても何ら不思議ではない。今回の安保法制の源はそこまで遡る。

その安倍を一貫して担いできたのが菅である。六〇年安保当時、秋田県に住んでいた菅は無論、直接には岸を知らない。

――岸元総理をどう思われますか。

「真面目な方、かな。安保成立のために党内の根回しもよくやられたような人で」

――岸は、六〇年安保を成立させる際、国会に警官を大量に導入したなかで強行可決しているが。

「時代がちがう。ただ、安保も集団的自衛権の議論も同じ。ある段階で可決しなかったら、いつまでも議論することになるでしょう」

有事の説明にリアリティが欠如している

菅にとっては、日米同盟の強化や「憲法改正」を党是に据えた自民党が多数を占めていくことが最大の念願で、それは、自民党の政権中枢にいれば誰しもが希求する「王道」と言えるだろう。

しかし、そこには安倍の唱える「戦後レジームからの脱却」、つまり太平洋戦争を「侵略」と定義づけることを「自虐史観」だとして拒み、東京裁判を占領軍の「勝者の裁判」とみなし、憲法を米国の押しつけの「裸の王様」（二〇〇〇年五月一日、衆院憲法調査会）と捉え、靖国神社参拝にこだわろうとする、ある思想的背景のようなものは菅からは直《じか》に感じられない。ただ、菅は集団的自衛権の憲法解釈変更は岸の孫だからこそ成し得る事業と踏まえているようだ。

集団的自衛権行使容認への転換になった安保法制懇の報告書（一四年五月一五日）を受け、安倍総理は同日、官邸で二枚のパネルを使って会見した。冒頭、安倍がパネルを背に触れたのは、事実上朝鮮半島の有事を想定し、避難する邦人を救助・輸送する米艦船が攻撃を受けた場合だった。

「このような場合でも、日本自身が攻撃を受けていなければ、日本人が乗っている米国船を日本の自衛隊は守ることができない。これが憲法の解釈だ」

「まさに紛争国から逃れようとしているお父さんやお母さん、おじいさんやおばあさん、子どもたちが乗っている米国の船を今、私たちは守ることができない」

安倍総理は拳を握りしめ、「日本政府は、本当に何もできないということでいいのだろうか」と述べていたが、そのように力説すればするほど、逆にリアリティが伝わってこないというのが第一印象だった。

まず、米艦船が邦人救出のために朝鮮半島へ向かうことがあるだろうか。そもそも米国が北朝鮮を「紛争国」の敵国とみなしているだろうか。日韓が友好関係を築こうとしている時にその日韓関係を破壊するような紛争は北朝鮮にとっても自殺行為ではないか。つまり、国際情勢の冷静な分析に基づくリアリティが欠如した、シミュレーション上の想定が先走っていてなぜ今、という切迫感に欠けると私は思った。

一四年五月中旬、菅は語った。

――世論は憲法第九条の解釈変更で二分するんじゃないですか。

「これまで議論してこなかったんですから。たとえば邦人が乗っている艦船を警護する、あるいは邦人を護る軍があった場合、日本人は何もできないのか。憲法はこれまで想定される事態に踏み込んだ議論をしてこなかった」

――憲法の解釈に風穴をあけることになります。言うまでもないことですが、本気ですか。

「今の政権でやらなくては（集団的自衛権行使の容認は）できない。仮に支持率が下がってでもやる。これまでの政権は、集団的自衛権行使に伴うあらゆる事例（五月末に発表の「武力攻撃に至らない侵害がある場合」「ＰＫＯを含む国際協力の場合」など一五事例）を想定してこなかった。想定しなかったら政権じゃないでしょう」

安倍は遮二無二、集団的自衛権の行使容認を通そうとした。その一歩も譲らない強気の姿勢は次の記述からも窺える。

「高村（注・正彦副総裁）は、記者会見では言わない安倍の本音を知っていたからだ。

『政治はモメンタム（勢い）だ。行使容認は安倍内閣でないとできない』

実際、安倍は強気だった。与党協議が始まる前日五月一九日、安倍は、東京・赤坂の料亭で自民党若手議員に、

『山口（那津男・公明党代表）さんは「連立合意文書に集団的自衛権をやるなんて書いていない」って言うけど、「やらない」とも書いてないんだから』

と言い放った」（『安倍政権の裏の顔』）

安倍にすれば、そもそも立憲主義の立場からの批判は馬耳東風だったのかもしれない。一四年二月一二日の衆院予算委員会で、集団的自衛権行使をめぐる憲法解釈に関連した安倍の次の発言は物議を醸した。

「最高の責任者は私です。私が責任者であって、政府の答弁に対しても私が責任を

持って、その上において、私たちは選挙で国民から審判を受けるんですよ。審判を受けるのは、(内閣) 法制局長官ではないんです、私なんですよ」

公明党と創価学会は一体か

――ところで菅さんが、公明党の支持母体・創価学会の原田稔会長と会っているような一部新聞報道もあります。実際に原田会長と会っておられるのですか。

「会っていない。親しいのは佐藤浩副会長だ。選挙担当だったからね。(事実確認をしない)『飛ばし』は週刊誌で間々見られるが、今や新聞もそうなっている」

――公明党の態度が定まらない状況がこのまま続き閣議決定となった場合、公明党の太田昭宏国土交通大臣 (当時) の扱いはどうなるか。

「丁寧《ていねい》にやるとしか言いようがない」

さらに一四年六月中旬、菅はこう語った。

――集団的自衛権行使の容認を巡る自民党と公明党の与党内議論は当初、対立していたかに見えたが、その対立もヤマを越えたのですか。

「公明党との議論の最後は、集団的自衛権か個別的自衛権かの認識のちがいだったように思うからね」

――菅さんは、公明党と創価学会は一体と睨んでいますか。

「いや、それはわからない」

――そもそも、集団的自衛権の行使は安倍総理の個人的意欲から発しているのではないですか。

「いや、ちがう。われわれ自民党だ」

――一部新聞は安倍政権を巡り、もう「二〇一八年までの長期になる」と前打ちしているようですが。

「それは（長期は）大丈夫じゃないか」

――ところで、菅さんは安倍総理の母親・洋子さんと直接、お会いになったことはありますか。

「俺は会ったことがない。ただ、俺のことを『よくやっている』と仰っているらしいが」

菅の官僚統治術

一方、消費税の一〇％への引き上げについて、菅は「俺は消費税増税の『消極論者』だ。日本経済がデフレから脱却しないと」と前置きしたうえで、こう語る。

「いままで、官僚主導で景気がよくなってきましたか。そうはならなかったじゃないか。彼らには責任がない。責任を取らないからね」

――消費税アップに執念を燃やす財務省と慎重な菅さんの対立はヒートしていくんじゃないですか。

「もう、（対立は）始まっているけどね」

菅は官僚の言動は疑ぐってかからなければならない、意に沿わなかったら官僚のクビをすげ替えると言いたいのかもしれない。

一つの逸話がある。日本郵政社長が、それまでの坂篤郎（元大蔵省主計局次長）から西室泰三（元東芝会長）に交代したのは一三年六月だった。坂は社長就任わずか半年で退任に追い込まれたのだったが、その突然の交代劇に采配を振ったのが菅だった。

そもそも坂の日本郵政社長就任（一二年一二月）は、元大蔵事務次官・齋藤次郎同前社長の後を継いだもので、しかも自民党に何ら相談がなく、政権が野田から安倍（第二次）に変わる時期のドサクサ紛れで行われたものだった。

菅は「坂続投」の阻止に動く。

「自民党政権になることが分かっていた時にこうした人事をやることは、私は非常識だと思っていた」（『文藝春秋』一三年七月号）

一方で、坂と日本郵政は巻き返しに出る。社長を指名する権限を持つ指名委員長・奥田碩（当時、経団連会長）に頼り、官邸で会った菅を前に奥田は、「指名委員会としては今の体制で行こうと思います」と語った。奥田は政財界にわたる実力者だった。しかし、菅の回答はそれをすげなく拒否、坂のクビはあえなく飛んだのである。

菅が官僚統治に長けていることは今さら言うまでもない。それは、既述したように菅自身が「影の横浜市長」と呼ばれた高秀横浜市長の横浜市議時代に習得していた。

菅の師である梶山は橋本内閣の官房長官当時の九七年八月、中央官庁の新任管理職合同セミナーに臨み、官僚のあるべき姿についてこう訓示を残していた。

「かつて『鬼畜米英』とか『撃ちてしやまん』、『欲しがりません勝つまでは』と言ったものが、昭和二十年八月を境にしてたいへん親切な素晴らしいアメリカと言うようになったわけですから、私は自分の処世観で絶対ということばをあまり使わないようにしています。また、考えないようにしています。これがいちばんいいと思っても、果たしてそうなのかしらと（思う）。昭和二十年の価値観の大転換を見ますと、なかなかにわかに絶対にという、これがいいと固定的に考えることができない世代であります」

梶山は官僚の要諦《ようてい》について触れようとしたのである。

菅自身、読売新聞特別編集委員・橋本五郎（秋田県三種《みたね》町出身）との対談でこう語っている。

「橋本　菅さんは、権力の一番の要諦は人事だという考えもお持ちでしょう。権力を使うことの快感、あるいは怖さみたいなものを日々感じていますか。

菅　やっぱり怖さのほうですね。

橋本　誰かのクビを切ることもできる。

菅　それは100％できます。政治主導でやらないと、この国はもたない」（「読売新聞」二〇一四年一月一日付）

オバマは中国を友好国と認識

菅に一四年六月中旬、再び「安倍さんの靖国参拝に反対したのか」と問うた。

「もう、あの時（安倍靖国参拝の一三年一二月二六日）には靖国に行くしかないだろうと思い、反対はしなかった。参拝に反対したのはそれ以前。俺はずっと日韓、日中会談をしてほしいと思っていたから」

集団的自衛権の行使容認をめぐる憲法解釈の変更の基本方針が、一四年七月一日に閣議決定された。閣議後、菅はこのように語った。

「やはり、アメリカとの関係だ。何があってもいいようにアメリカとの関係は大事。総理が前から集団的自衛権の行使にこだわってきたのはそのためだ。だからといって、アメリカから何らかの要請があったわけではない」

集団的自衛権行使をめぐり、安倍政権は台頭する大国・中国を想定している。確かに、中国の国防予算は毎年二ケタのペースで増加している。一四年三月に公表された国防予算は前年比一二％増の約八〇八二億元（約一二兆九三二〇億円）で、一〇年前の四倍にまでなった。

東シナ海では一四年五月と六月、中国軍の戦闘機が自衛隊機に異常接近。中国海軍の艦隊や潜水艦は、日本周辺や西太平洋に活動範囲を広げている。

しかし、安保法制懇の想定にリアリティはあるのか。たとえば中国はどのようにして、なぜ、漁民を装った武装集団「武装漁民」として離島に上陸するのか、日本領海を潜航する潜水艦が退去要請に応じない場合が起こりうるのか。それらはあくまでも想定であって、現実に即したシナリオが見えてこないのである。

だいたい、オバマ大統領が来日した際の一四年四月の日米共同声明は、ウクライナ、イラン、中東和平、アフガニスタン、シリアなどの問題をあげた後、こう謳っていたのである。

「日米両国は、これら全ての課題に対処するに当たって、中国は重要な役割を果たし得ることを認識し、中国との間で生産的かつ建設的な関係を築くことへの両国の関心を再確認する」

つまり、オバマ大統領は、中国を「生産的かつ建設的な関係を築く」国家だと認識し、安倍総理もこれに同意していた。

しかも、オバマ大統領は来日直前、読売新聞との書面インタビューに応じ、「私の指揮の下、米国は（アジア太平洋で）日本のような同盟国と緊密に連携し、再び主導的な役割を果たしている」（「読売新聞」二〇一四年四月二三日付）と、米国主導の日米同盟だということに改めて釘を刺した。

さらに中国について、経済の回復や北朝鮮の非核化などの「共通の利益にかかわる課題」で協力できる関係だと説明。一方で、それは「日本や他の同盟国が犠牲になることはない」（前掲紙）と述べた。その米国が、流れに逆行するような日本の独善的外交政策を容認するはずはない。

集団的自衛権の行使は安倍にとって、祖父の岸信介以来の筋金入りの執念といっても過言ではない。菅は一四年八月上旬、こう語った。

「集団的自衛権の行使容認の議論は、国家秘密法の議論と似ていて、実際は本筋とちがうのに『戦争への道』とか『徴兵制復活へ』とか言われる。誤解しているんです。

安保条約成立のために岸（信介）さんはよくやられたと思う。今は孫（安倍総理）がやっている。結論が出るまで一年ぐらいはかかるだろう」

菅の歴史観の座標軸

――岸さんは「安保に憲法（九条）の制約」があるから、米国の有事の際、助けるために軍を派遣できないのが無念と思い、憲法改正を志向した。もちろん今と岸さんの時代はちがいますが。

「岸さんの時代のように一概に『憲法改正』ということじゃなくて、『憲法の制約』の中で何ができるのかということを考えなくてはならない」

――安倍総理は菅さんを頼りにしているでしょう。

「『安倍さんを総理に』と言う人が誰もいない時から、俺は安倍さんがやらなきゃと思ってきたから」

――岸さんは安保紛争当時、アイゼンハワー大統領の訪日が控えていたこともあって一九六〇年五月二〇日未明、安保条約を国会で強行採決していた。

「強行採決しなかったら、いつまでも議論していたからじゃないですか」

――その採決に抗議したデモの騒擾の中で、一人の東大生が死亡している。

「樺美智子《かんば》さんか（一九六〇年六月一五日、死去）。今の時代はそんなことがないからね……。民主党だって支持率が伸びていないでしょう」

六〇年安保から、集団的自衛権の行使へ。その間、五五年の歳月が流れた。首相官邸の安倍の執務室には、岸が六〇年にアイゼンハワー大統領と安保条約改定に署名した時の写真が飾られているという。ふと菅自身の歴史観の座標軸はどこにあるのだろうかと私は思った。

菅は多くを語らず、野中のように相手を評して、「悲しい奴だ」などと感情を露にすることもない。いつも、話の端々に、「自民党は、いったん決めた約束は守らなきゃ」という言葉をのぞかせる。

いったん決めたら、どんな壁があろうとブレることなく、決めたことを守る――一見、当たり前の言葉のようだが、それが菅義偉という人間の政治信条なのかもしれない。

石破茂の政治センス

一方、第二次安倍改造内閣の焦点は、既述したように石破の去就にあった。官邸関係者は言う。

「石破は相当悩んでいる。もはや留任はなく、（石破）幹事長交代の流れになっている。安倍は『（入閣が）嫌なら、石破さんはいいや』と消極的なのに対し、菅は『いや、取り込んでおいたほうがいい』と安倍を諫め、閣内に入れたがっている。石破に対し、菅が『次はあなたなんだから、閣内に入ったほうがあなたのためだ』

と説得したという説もある。いずれにせよ、安倍にできる芸当ではない」

一方で、別の官邸関係者はこう言う。

「菅の石破説得の件は萩生田光一、衛藤征士郎ら古くからの『安倍グループ』にとっては、『菅がそこまでやっていいのか』という反発となっている」

しかし、菅は意に介さない。官房長官の役目について「次から次へ局面が変わり、細かいことは人任せになるんじゃないですか」と問うと「いや、細かいことにこそ気を配ることが大事なんだ」と菅は言う。一九九八年の総裁選後、梶山は総裁選に勝った小渕が梶山を冷遇する中で、一緒に闘った菅を何とか然るべきポストにつけるようひそかに頭を下げて回っていた。菅は政治家の心くばりを梶山から学んでいた。

第二次安倍改造内閣は二〇一四年九月に発足した。焦点の石破は結局、地方創生担当大臣として入閣した。

入閣するか否か、迷った末の大臣ポストだった。さらにその一年後、第三次安倍改造内閣（一五年一〇月）の成立を前にして、前述したように二〇人の参加で派閥・水月会《すいげつ》（石破派）を結成。それは安保法案が国会を通過してから約一週間後のことだった。

石破は一三年、情報交換の場として最終的に約五〇人を集め「無派閥連絡会」を結成していたが、あくまでも派閥としての性格を帯びたものではなかった。今回の派閥・水月会の結成は、三年後のポスト安倍の総裁選を睨んだ態度を鮮明にしたものだった。この石破の姿勢を、菅に質すとただ一言、かすかに不機嫌な面持ちを浮かべ「わからない。石破さんに聞けばいいでしょう」と突き放すのだった。

官邸周辺からは、「菅さんは、安保法案を通したこのタイミングで派閥結成をした石破について、『政治のセンスがない』と、不満を露にしていた。菅さんにすれば、これまで〝安倍さんの次はあなたなんだから〟という形で何かと目をかけてきたのにという気持ちがある。『いったい、石破さんは何を考えているのか』と周囲に漏らした」という声が聞こえる。

たしかに石破の政治センスには首をかしげざるを得ない。安保法案が国会を通過し第三次安倍改造内閣の発足後の派閥結成は、安保法案を最重要課題としてきた安倍政権に異議を申し立てるも同然と見られるではないか。ならば、閣僚の一人として安保法案に反対すべきではなかったか、嵐の過ぎるのを待って事を成すのは姑息《こそく》ではないか。石破は、派閥結成後に自らの派閥を新興企業に喩《たと》えてこう語った。

「派閥の流れをくまないベンチャーみたいなグループは、私の知る限り初めてだ」

石破は、従来の派閥との違いを言わんとしたらしいが、永田町界隈で額面通りに受けとめた人が果たして何人、いただろうか。この発言をもってしても、総裁の椅子を獲りにいく権力闘争への気迫が感じられないのである。

安倍の誤算、小渕優子

安倍の「女性の積極活用」の指示で一挙に増やしたと言われる女性閣僚の中でも、第二次安倍改造内閣で、小渕優子元少子化対策担当大臣が経済産業大臣で入閣したことは脚光を浴びた。当初、小渕所属派閥の額賀派（平成研）では「優子は将来の総理候補。急がなくとも出番は回ってくるから、入閣を断れ」という意見も一部にあったものの、「そう何度もあるチャンスではない」との判断から二度目の入閣に至る。それが後に安倍政権を揺るがす「政治とカネ」の問題という悲劇を生んでいく。

第三次安倍改造内閣の発足からそう日をおかずして、小渕優子の政治資金収支報告書に記載された収支のズレが明るみに出たのである。

『週刊新潮』（二〇一四年一〇月二三日号）などの報道によると、小渕の支援者向けに催された観劇会には年約一万二〇〇〇人が訪れ、一人一万二〇〇〇円の参加費を集めた。だが当初、政治団体「小渕優子後援会」などの二〇一〇年と二〇一一年分の収支報告書には、不可解なことに支出約四六〇〇万円を下回る計約七〇〇〇万円の収入しか記載がなく、二〇一二年は収支ともに一切計上されていなかった。二〇〇九年から一二年分で見ると、当初の不記載分は約一億円に上る疑いが持たれた。

優子は『週刊新潮』（同）の報道（一〇月一六日）直後、官邸に大臣の辞意を表明。一〇月一八日午後にイタリアの外遊から帰国した安倍総理と協議し、同二〇日に辞表を提出。さらに、二〇日にはかねてから公選法違反の疑いを持たれていた松島みどり法務大臣も辞表を提出した。官邸周辺では二人セットで辞任に持ち込むという異例の早さで仕切る荒技ができるのは菅の真骨頂だという声が囁かれた。しかし、一四年一一月初旬、菅は語った。

「何でも俺が仕切っているように言われるが、そんなことができるわけがない」

さらに、「大臣辞任だけでなく、議員辞職の可能性はないか」という問い掛けに、「辞めるかどうかはわからん。党の問題だ。党で判断することだ」と語った。

その一方で、「小渕さんについては、（〇八年九月、麻生内閣の）少子化大臣になった時に身体検査はやっただろう。だから（第二次）安倍改造内閣では念を入れて『身体検査』をやらなかったんだよな」と漏らしている。永田町で「身体検査」という場合、対象は政治家の政治資金・選挙活動・異性関係などを指す。

小渕優子

優子の「政治とカネ」問題の「影の主役」は、元秘書で前中之条《なかのじょう》町長・折田《おりた》謙一郎《けんいちろう》（当時六六歳）だった。群馬・中之条町は優子の地元で、折田は優子の政治資金の一切を仕切ってきた城代家老というべき存在だった。

地元民によると、中之条町出身の折田は、中之条高校を出て群馬県立農林大学校（旧農業講習所）を卒業。自動車のセールスマンをしていた頃に優子の父・恵三の親族と出会い、恵三の地元秘書になったという。

当時、恵三の選挙区だった群馬第三区（現第五区）は、福田赳夫、中曽根《なかそね》康弘《やすひろ》を輩出した有数の激戦区で、恵三自身が「ビルの谷間のラーメン屋」と自嘲していたことはつとに知られる。

恵三も、父の後を継ぐ世襲議員だった。その恵三から優子へ、父子二代にわたる一族に折田はどう食い込んだのだろうか。

一般に、世襲議員は東京育ちで地元を知らず、地元での選挙活動は「地元組」の秘書に頼り切りという政治家が少なくない。恵三も中学から東京暮らしで、二六歳で初当選したとはいえ、地元は秘書任せにしていた。折田は、そうした地元組の秘書の一人だった。

世襲議員を甘やかしていないか

その後、恵三が官房長官、そして総理と権力中枢の位置を占めるにつれ地元を取りまとめる折田の存在感も増していった。ところが、総理の任期なかばにして恵三は脳梗塞に倒れ、その一ヵ月後（二〇〇〇年五月）他界する。それは折田にとっても転機だった。

恵三の死からわずか一ヵ月あまり後、総選挙に出馬することを決めた優子には、古くから地元を把握している秘書が、もはや折田の他にほとんど残っていなかったからである。

「優子さんの母・千鶴子さんも中之条町出身ですが、恵三さんと結婚してからはずっと東京で、地元のことはわからない。千鶴子さんは優子さんと相談し、『地元のことは、折田さんに頼みましょう』となった。そこから折田さんがのし上がってき

た」（中之条町政関係者）

優子は、初陣となった二〇〇〇年の総選挙で約一六万票という大量の票を得た。恵三の弔い合戦だったこと、一九九六年から実施された小選挙区制への移行から自民の候補者が絞られたことも背景にあったが、何よりも折田の手腕が発揮された結果と見られた。

優子の事務所は、東京も地元の群馬も折田の独壇場になっていく。優子の元後援会関係者が明かす。

「折田さんは自分の意に沿わない秘書や、古参の何かと口うるさい支援者を遠ざけ、まるで『自分が優子の代理だ』と言わんばかりに我が物顔で振る舞うようになった。優子さんは三人きょうだいの末っ子ですから、二〇歳以上も離れた折田さんに父親の影を見たとしても不思議はありません」

その優子が安倍総理へ辞表を提出した一〇月二〇日朝、折田も中之条町長を引責辞任した。役場前に姿を現した折田は、屈強そうな体躯をくぐめるようにして、「私が政治資金の実質的な総責任者です」と言葉少なに語った。その後、高崎市で地元紙・上毛新聞記者にこう答えている。

「（政治資金の）解明は簡単なことではない。（刑事責任を問われ）身柄を拘束される可能性もある。とても町長はやれない」

この言葉を最後に、折田は行方をくらます。そして折田の辞任を受け中之条町長選が行われたのはその一ヵ月後で、折田の後継者の伊能正夫《いよくまさお》前副町長が相手候補に大差で勝つ。にわかには信じられないことだが陰でこの選挙に采配を振ったのが、自宅や町長室まで東京地検特捜部から家宅捜索を受けた当の折田と地元で囁かれた。優子は、記者会見で「折田さんは子どもの時から世話になっている方」と語っただけで、自分の監督責任はもちろん折田の責任に言及した形跡はなかった。

菅は、前述したように初当選当時、平成研に属し派閥領袖の恵三と親交はあったが、群馬県で小渕事務所を仕切っていた折田との面識はなかった。その菅は一四年一一月下旬にこう語った。

――改めて聞きますが、小渕優子の経産大臣辞任は、優子が辞表を持って来た時に決めたのですか。

「いや、総理は前から決めていた」

――総選挙の後、優子は議員辞職を含めどうなるかわかりませんね。

「…………」

――優子の元秘書で前中之条町長・折田謙一郎の辞任に伴う町長選が行われているが。

「折田の後任候補（伊能副町長）が上がる（当選）だろう」

――いや、わからない。優子に地元へお詫びする気があるなら、もう地元に足を運んでなきゃいけないでしょう。でも、今もって来る気配はまったくない。優子は世襲議員だが、その優子を甘やかしていませんか。

「甘やかしているかなあ」

ポツンと菅は語った。もし今回の事態が菅自身の問題だったら、すぐに地元に帰って頭を下げて釈明しただろう。そんな含意があるように感じる口調だった。

第六章　権力を体現する政治家

カーター米国防長官（左）と握手する菅義偉内閣官房長官（2015年４月８日、首相官邸、時事）

安倍政権は二〇一四年一二月二日公示の総選挙に踏み切った。

永田町界隈ではかねてより「争点はアベノミクスの破綻状況、『政治とカネ』の問題が中心になるだろう。どちらも継続のテーマだけに、しかし、解散の大義名分になると思えない。大義なき解散になる」という声が聞かれていたのだった。

総選挙は今しかない

大義なき解散・総選挙――。しかし、菅はちがった。その総選挙の直前、菅は語っている。
「『政治とカネ』の問題が仮に他大臣に拡大しそうになったら、(一五年の)通常国会は回らなくなる。それに、(当時一五年一〇月、一〇%に引き上げ予定だった)消費税。財務省や自民(執行部)三役は引き上げで計画を組んでいる。が、私は従来から、今は上げたくなかった。では、いつ上げるか。この議論も通常国会に持ち込まれたら『政局』になってしまう。それらを勘案し、先を見たら(解散・総選挙を)

やれる時期は今しかない。財務省や自民党執行部も勝てば文句は言わないだろう、と」

つまり、消費税の値上げ時期延期を通じて、アベノミクスの是非を問い直すことを表向きの大義名分としたようだ。結局、消費税は一七年四月から一〇％へ引き上げ実施となるが、安保法制を巡る支持率のある程度の低下や、一六年七月に控えた参院選などを考慮に織り込むと、たしかに総選挙の時期は一四年一二月の「今」しかなかったのかもしれない。

――総選挙の勝算はどうですか。

「（議席は）少しは減るだろう。でも、安倍さんへの支持率は六％下がっても四八％だ。さほど減らない。どうしてかね」

――選挙を終えてから消費税一〇％の扱いはどうするのですか。

「今は上げられる状況じゃない。俺は前から言っていた。一七年からは必ず上げる。経済指標も上向くと見ている。在庫が放出され上向くだろう」

その総選挙の注目選挙区に生活の党（当時）党首・小沢一郎の出身地・岩手四区（奥州市など）があった。ただ、前述した小沢夫人の和子の「離縁状」の公開を機に、今や少数政党となった小沢は在続の危機に立たされている。永田町周辺からは「小沢は選挙に出ず、ここで幕を閉じるのではないか」と囁かれたりもしていた。

——小沢はもしかして立候補しないのではないかという揣摩《しま》憶測が流れているが。

「小沢さんが出ないとしたらね。小沢さんは前回約七万八〇〇〇の得票か。あと一万余り減らせば決まる。小沢さんに挑む藤原崇（自民）はいい候補者だから。小沢さんが出ても、今回の選挙は小沢さんの本当の力が試されるということか」

——それにしても、安倍政権と対峙する敵が見えない。対立軸がない総選挙のように見える。

「そうだな、風もない」

——改めて訊きますが、安倍政権は一八年までやれそうですか。

「今回（総選挙）、ある程度議席が行けばそうなる」

――いよいよ次の課題は安倍総理の念願の憲法改正ですか。

「国会議員の三分の二を得るというのは、そんなに簡単なことじゃない。集団的自衛権の行使の容認についての議論は当然のことで、閣議決定（一四年七月一日）をしているから次の通常国会は淡々とやるだけだ」

総選挙公示の翌一二月三日、私はＪＲ吾妻線・市城駅前の広場に佇んでいた。ここは中之条駅の隣の無人駅で、この広場に黒のマフラーを巻き青いコットンパンツ、白いスニーカー姿の小渕優子が白い息でワンボックスカーから降り立ったのは午前八時過ぎのことだった。

「今回私に関係することでご迷惑をかけ、心からお詫びしたい。故郷で私は皆さんの娘のように育てていただいた。今は十分ではないが、必ず（不透明な政治資金の）説明責任を果たしていく」

約五〇人の聴衆は、これまで総選挙でろくに地元を回らなかった優子の顔に見入っていた。

「二六歳で初当選し約一五年になる。もう一度、スタートラインに戻ってやらせていただきたい」と語り、涙を流しながら聴衆と握手する優子。その後、中之条町の大通りを駆け足で回ったが、涙目で頭を下げるドブ板選挙の光景の繰り返し。まるで悲劇の主人公を演じているようなその振る舞いを見て、改めて優子にとってこれでいいのか、いったい自民党はどこが変わったのか、という暗澹たる思いにとらわれた。

憲法改正に向け、一歩進める

小沢夫人・和子の綴った「離縁状」によって、小沢の虚像は剝げ落ち、またたく間に影の主役の座から滑り落ちる。

民主党の分裂と小沢の瓦解。その敵失に乗じて、一二年一二月の総選挙で自民党は圧勝、安倍政権（第二次）が誕生した。一四年一二月の総選挙は自民党にとってその小沢に止《とど》めを刺す好機だった。

小沢の地元・岩手四区には菅を始め安倍総理、大島理森《ただもり》前副総裁ら大物が駆けつける。ところで、小沢凋落の致命傷となった和子の「離縁状」にはこんな記述もあった。

「（小沢から）『おまえに選挙を手つだってもらった覚えはない。何もしていないのにうぬぼれるな』と言われました」

とめどなく降る雪の中、岩手県南の北上市の選対事務所で記者会見（一二月六日）に臨んだ小沢に、私は質した。

「小沢さんが地元に入らなかった三〇年間、小沢さんの代理として選挙区を歩き、必死に小沢さんを支えてきたのは和子さんだったことは、地元の人なら誰でも知っていることです。和子さんの力、功績は大きかったんじゃないですか」

一九八九年、小沢が四七歳で「剛腕幹事長」になった頃から彼を追いかけてきた私の言葉の含意に気づいたのだろう。小沢は頰を紅潮させ、口元にうっすらと笑みを浮かべながら答えた。

「はい、僕もそう思っています」

それは、おそらく小沢がこれまで一度も口にしたことのない言葉で、この瞬間私は小沢が予め用意した想定問答で語っているように聞こえた。

小沢には四〇歳（当時）を頭に三人の息子がいる。最終盤、小沢後援会連合会の小《お》笠原《がさわら》直敏《なおとし》会長は私に悩ましい胸の内を明かした。

「和子夫人の不在も大きいが、息子さんの一人でも地元に入り、小沢さんが『苦労かけたな』と背中を叩く一幕でもあれば票も伸びただろうに。でも、息子は三人とも母親についているようだからな。田舎ではね、結局政策よりも人の感情が優先するんですよ」

結局、総選挙の結果は、政権与党の自民党二九一議席・公明党三五議席と計三二六議席になり、定数の三分の二（三一七）を上回る議席を獲得し、圧勝した。その直後に菅は語った。

「選挙前より一割程度は減ると見ていた。ところが予想以上に勝った。（一二年と一四年の）二度にわたり勝った。だからといって、憲法改正に向かうとは思っていない。そんな、たやすいことではない」

国会による憲法改正の発議には、衆参両院で三分の二以上の賛成が必要だ。自公で衆院は三分の二を満たしているが、参院の三分の二（一六二議席）には二九議席（議長を除く）足りない。

総選挙投開票（一二月一四日）の夜、テレビ東京の番組で安倍総理は、ジャーナリスト・池上彰が、「憲法改正が視野に入ってくる。やはりご自身の手で成し遂げたいか」と問うと、こう答えた。

「国民的な必要です。三分の二の勢力を作ったとしても、国民投票で過半数の支持を得なければなりません。そこから理解を得ていきたい」

池上が重ねて、「憲法改正に向けて一歩進めていくということか」と質すと、安倍は、「そういうことです」と応じた。

安倍と菅は互いを必要とする関係

ここで時計の針をいったん戻し、菅と安倍の関係がどう築かれたかに触れたい。

「いつ出馬しても、あの辞め方は批判されるでしょう。今回の総裁選は、ただの野党の党首選ではありません。事実上、次の総理を決めるもので、マスコミも大きく報道します。政治家・安倍晋三を国民にもう一度見てもらう最高の舞台じゃないですか」

一二年八月一五日の終戦記念日、安倍を前にした菅は都心のレストランで三時間にわたり総裁選出馬を口説いていた。本書で何度も触れた、菅の「俺が、安倍さんを総理総裁に引っ張った」という言葉は誇張でも何でもなく、具体的な事実としては、この場面を指している。

一方、その前日（一二年八月一四日）には大阪維新の会代表の橋下徹大阪市長（いずれも当時）が新党旗揚げの意向と「朝日新聞」（一二年八月一五日付）に報じら

衆院平和安全法制特別委員会で、安倍首相に話しかける菅内閣官房長官（2015年7月15日、時事）

れた。同紙によると、松井一郎大阪府知事らが、安倍に対し「僕らを利用して日本を変えてください」と膝詰め談判。自民党を離党し、新党と連携するように秋波を送ったという。

それまで、菅は月一回のペースで安倍に会い総裁選出馬を促していた。新聞各紙の世論調査では、石破茂がトップを走り、安倍は石原伸晃にも遅れを取る三番手だった。総裁選が一ヵ月後に迫った八月になっても迷っていた安倍だが、この日菅はようやく安倍から、「それでは準備を進めてください」との言葉を引き出した。九月に入り菅は、「決選投票に持ち込めば、少なくとも国会議員票では勝てる」と独自の票読みを伝えて励ましたという。

安倍が逡巡したのは、言うまでもなく〇七年、第一次政権をわずか一年で放り投げたことで批判を浴びた記憶が、自らにも国民にも鮮烈に残っていたからである。第一次安倍政権で菅は初入閣し総務大臣に就いていた。ところが第一次政権には、暗雲が一気に垂れ込める。多額の光熱費計上などが追及された同年五月の松岡《まつおか》利勝《としかつ》農林水産大臣の自殺から、その後任の赤城徳彦《あかぎのりひこ》の政治団体が実家を「主たる事務所」にし多額の経費を計上、さらに参院選の自民党惨敗と持病の「潰瘍性大腸炎」の悪化が続いたのである。

なかでも、安倍は拙稿「自殺した〝ナントカ還元水〟松岡利勝氏の後任大臣がまたもや〝架空事務所費〟5000万円！　赤城農水相は即刻辞任せよ」（『週刊現代』〇七年七月二一日号）と報じられた後も赤城をかばい、結局更迭を決断したのは問題が発覚してから一ヵ月近く後という迷走ぶりだった。その安倍に対し、「まさか、あの安倍さんが」「辞めてから五年しか経っていないのに」という批判や不安が、国民のなかに深く燻《くす》ぶっていた。

しかし、菅はちがった。

菅が、梶山静六を担いだ頃の派閥抗争の時代は遠のき、派閥抗争を彩った竹下登、金丸信や梶山らは鬼籍に入り、野中は政界引退。唯一の生き残りと言える小沢に対しては、国民の不満が鬱積していた。政権復帰の好機に、誰を総理総裁に選ぶか、菅は早くから安倍に白羽の矢を立てていたのである。

菅は、官房長官の会見の場を除いて、大仰な天下国家論を口にしない。その意味で菅はむしろ、怜悧《れいり》な現実主義者なのかもしれない。

たとえ負けるとわかっていても、菅は常に権力闘争、別の言葉で言えば菅自身が好んで使う「喧嘩」を張る場に身を置いてきた。その菅を見出し、わずか当選四回の菅を総務大臣に抜擢したのが安倍だった。そのことを菅は恩義に感じていたという。

安倍にしてみれば菅は頼れる唯一の存在だろう。官僚上がりや世襲議員が自分の周りにあまたいるなかにあって、菅は異色だ。一冬が大雪で閉ざされる秋田の寒村に育ち、高校を出て単身上京、集団就職の同級生らと苦楽を共にした青春を送った遍歴を持つ類稀な土着の政治家だ。菅が小此木衆院議員の秘書として、初めて身を寄せた前述の自民党神奈川県連・梅沢元会長はこう話す。

「菅義偉は味方なら心強いが、敵に回したらこれほど怖い男もいない」

安倍にとって菅は自らを再び生き返らせてくれた存在であり、一方の菅にとって安倍は自分を見出してくれた人であり、肝心なところで互いを必要とする存在なのだろう。

「約束」と反骨精神

菅が好んで使う言葉に、「約束」がある。

本人が意識しているかどうかは定かでないが、私はこの言葉を菅から何度となく聞いている。菅はその言葉を決して力んで使うのではない。たとえば、自民党結成後、岸信介が成し遂げた六〇年安保に話が及ぶと、ボソッと「岸さんはよくやった。安保はアメリカとの約束だ」と語った。「約束は守らなきゃ」という時の菅は、複雑な国際情勢だろうと焦眉の国内問題だろうと、決して高踏的な喋りでなく、ごく普通の家庭でかわされるような口調で語る。

菅の朝は早い。朝五時に起きて朝刊各紙に目を通すという習慣はよく知られている。一昔前の農村なら朝露を踏んで、鎌を使い田圃の畦道などに繁る草の刈り取りをしている時間帯にあたる。草刈りは菅の子どもの頃、学校へ行く前の作業だった。身体で覚えたその習慣が今も身についているのかもしれない。

朝刊の中でも、菅が好んで目を通す記事がある。「読売新聞」の中面、「くらし・家庭」のページに毎日載る「人生案内」のコーナーだ。同紙の人気コーナーでもある。

毎回、年齢が記された老若男女の人生相談に、哲学者、作家、精神科医などの識者が平易な言葉で、その人に寄りそうようにして答えている。たとえば、三〇代女性「定職就けず　父に責められる」（一五年一一月一九日付）、六〇代主婦「我が家を軽視する一人娘」（同年一一月二〇日付）、自営業女性「何も言わずに友人が自殺」(同年一一月二一日付)など。相談する当人にとっては他人に打ち明けられずにかかえてきた必死な悩みで、人はそういう悲喜こもごもの人生を葛藤しながら人知れず懸命に生きているんだな、とその人生が共感を誘う。菅はそこから国民目線の肥やしを得ているのかもしれない。

菅は言うまでもなく内閣の要《かなめ》だ。菅は先に書いたように「大雪の中で育ったことが、知らず知らずに俺に反骨精神を植えつけたのかな」と語った。豪雪地帯に育つことはそれ自体がハンディだ。豪雪を誰かの責任にすることもできない。できないことは諦めるか、捨てるしかない。しかし一方で、このハンディのない奴に何がわかるか、何ができるか、この雪が溶けたら今に見ていろ、それまでは我慢だ、という気概を植え付けもする。それを菅は反骨精神と言いあらわしているような気がする。

そういえば、田中角栄はこんな言葉を残していた。

「いい政治というのは国民生活の片隅にあるものだ。目立たずつつましく国民の後ろに控えている。吹きすぎて行く風——政治はそれでいい」

菅の初めての不遇の時代

菅は当選六回にして官房長官という権力の中枢を担った。しかし、これまでの道程は決して平坦ではなかった。

〇八年九月、麻生太郎政権が誕生した際、菅は自民党選挙対策副委員長に就いていた。だが、安倍が第一次政権を放り出してから、政権の交代はめまぐるしく、総理は福田康夫を間に挟み麻生となったわけだが、自民党の失速はとどめようがなかった。

一方で、麻生政権の発足で支持率が浮揚しているうちに衆院の解散・総選挙に持ち込んだほうが有利との見方が自民党に湧き起こっていた。なかには、政権発足前に「来月26日総選挙へ　3日解散　自公合意」(「朝日新聞」〇八年九月一八日付)との報道も出て、いやが上にも解散モードは高まる。

菅も最初は早期解散論者だった。ところが、自民党が九月に行った選挙情勢調査を手にして見方が変わる。

「(自民党の)選挙情勢調査によると『自民二一五、民主二一四』だった。しかし、比例代表での獲得議席が七〇となっており、メディアの世論調査による投票先政党の割合に比べると強く出すぎていた。かつ、自民党の調査は同じ電話調査でもオペレーターが聞くのではなく、自動音声で聞き、回答者は番号をプッシュする方式だ。このため、家庭で電話を取ることが多い人、つまり高齢の女性の意向が強く反映される傾向がある。過去の調査と選挙結果の分析から誤差の五%分を差し引いて考えると、自民党は一五〇議席にとどまるという衝撃的な結果だった」(『安倍官邸の正体』)

菅は、麻生に解散先送りを進言するようになる。菅はこう言って麻生を説得したという。

「せっかく権力を握ったんですから、この権力を最大限使えばいいじゃないですか。あわてて解散する必要はない」

「選挙を遅らせて困るのは民主党だ。こちらは三〇〇人の衆院議員で二九〇人ぐらいの候補者を支えている。向こうの衆院議員は現職一一四人、それで二五八人の候

補者の面倒を見ているわけだから、政党交付金の額だけを見てもはっきり分かる」（前掲書）

しかも、リーマンショックでニューヨーク株式市場が大暴落。金融危機の暗雲が国民を覆っていた。

菅「いま解散して政治空白を作ったら、総スカンを食らいますよ」

麻生「そうだなあ」

結局、麻生は衆院の解散・総選挙の先送りを決める。公明党と支持母体・創価学会は強硬に解散・総選挙を主張したが、麻生が折り合うことはなかった。

麻生太郎

そして迎えた〇九年八月の総選挙。民主党三〇八議席、自民党一一九議席、公明党二一議席と与野党が逆転し、民主党（鳩山由紀夫代表）は政権交代を果たした。とくに自民党は公示前より一八一議席、公明党は一〇議席減らす大敗北を喫する。自民党は衆院解散の時期を逸し、野党に転落したのである。菅はその責任者として、自民党や公明党から白い目で見られ、「A級戦犯」という陰口をたたかれる。菅に人が寄りつかないようになり、政治家になって初めて不遇の時代をかこった。

菅自身は総理を目指さないのか

菅は「喧嘩して負けたんだから、それは仕方がない」（一三年の菅へのインタビュー）と振り返るが、この時の権力闘争、すなわち喧嘩の仕掛け方は民主党の影の実力者だった小沢一郎のほうが役者が一枚上手だったのかもしれない。その菅にとって、安倍の復権は菅自身の復権でもあった。

先のインタビューでその安倍との関係を菅はこのように語っている。

——第一次政権以来、一貫して菅さんが推しているのが安倍総理です。

「私が安倍晋三という政治家を信頼するようになったのは、拉致問題がきっかけです。当時、私は当選二回。安倍総理は官房副長官でした。ちょうど北朝鮮の万景峰《マンギヨンボン》号入港をめぐって、これを禁じようという話が出るんですが、法律がない。（拉致問題をめぐり）この人を将来、総理にしたいと思ったわけです」

——安倍総理は祖父が岸信介、父親が安倍晋太郎という政界のいわばサラブレッド。その安倍さんが、第一次政権で「戦後レジーム（体制）からの脱却」と謳った際に、菅さんに違和感はなかったですか。

「なぜですか？　初めてお会いした時、総理は教育と安全保障が重要だと仰った。当たり前のことです。これまで会ったことがないタイプの政治家だと思いました」

——第二次安倍政権も、菅さんが総理を「総裁選に出るべきだ」と口説いて実現しましたね。

「総裁選で動き回るのは得意中の得意ですから（笑）」

——安倍さんと菅さんの関係を、お互い足りない部分を補い合っていると評する人もいます。安倍さんから「私にないものを菅さんは持っている」などと言われたことがありますか。

「それはないです。あまりしゃべらないですからね、二人とも」

――官房長官として、こう振る舞ってくれというようなことは。

「いや、ないです。『好きなようにやってください』と仰るだけです」

――今、菅さんは好きなようにやっているのかもしれません。とくに人事については、霞が関の官僚を含め菅さんの意向が強いと評されている。

「官僚の人事について言えば、大臣と一緒にだいたいの方向性を決めて、それで官僚に指示を出すというやり方です。とにかく、省庁から出てくる人事は、この人で行きたいという形で来る。だから、決め打ちは駄目だよと。そこは政治家が決めるんです」

――じゃあ、総理とぶつかることはないのですか。

「ないですね。不思議とない」

――率直に聞きます。菅さんは、安倍さんが総理である限り、自分のやりたいことをすべて体現し、一心同体であるように言う。政治家として、菅さん自身が総理を目指すということは考えないのでしょうか。

「まったくない。人にはそれぞれ持ち分というのがあるんじゃないですかね。私は総理を助けて物事を進めていければいい」

――ナンバーツーのままでいいのですか。

「だって大きいことは、たとえ総理でも一人ではできないでしょう。それを支える人がいないと物事が進まない」

菅は、安倍とは肝胆相照らす仲で、ナンバーツーとして支えることこそ本望だという。しかしこれは菅の本心のすべてだろうか。その言葉を訝《いぶか》しく思っているわけではない。しかし、果たして菅は安倍と心中する運命を歩むのかという疑念は拭えない。

当選一回生ながら師・梶山静六を担いで総裁選に邁進して以来、政治家の毀誉褒貶《きよほうへん》をあまた見て、麻生政権では小沢を立役者とした民主党に政権交代という煮え湯を飲まされ、A級戦犯と白眼視されるといういわば地獄すら見てきた菅の言葉にしてはキレイ過ぎるように思えるからだ。

第一、安倍と菅では育った境遇が違い過ぎる。菅は安倍をも乗り越える権力を握ることをじっと胸の奥で滾らせているのではないだろうか。そうでなければ、豪雪の秋田から上京し紆余曲折の末、政治の世界に飛び込んだ菅自身の這い上がってきた人生は完結しないように思えるのである。

靖国参拝に反対した

もちろん、菅は安倍にただ唯々《いい》諾々《だくだく》と従ってきたわけではない。その芽をいくつか拾うと、たとえば第二次安倍政権が発足した一二年一二月二六日の夜、首相執務室。皇居での認証式を終えた安倍に菅はこう話したという。

「総理、この内閣がつまずくとしたら歴史認識ですよ」

それに対し安倍は、「私もそう思います」と肯く。さらに初閣議で閣僚たちを前にした菅は、「歴史認識については内閣で統一する。進退に即かかわるから発言は慎重にするように」とクギを刺したという。安倍には決してできない芸当だろう。

それから一年経った一三年一二月二六日、安倍は靖国神社を参拝した。既述したように靖国参拝について菅は当初言葉少なだったが、官邸詰めの記者らは誰しも「菅さんは反対した」と語ってやまない。朝日新聞特別編集委員・星浩は当時のことをこう明かす。

「(菅は)第二次安倍晋三政権の役割は『経済再生最優先』と繰り返し、安倍首相の靖国神社参拝にも『政権の最大の仕事は経済の再生。靖国参拝は経済再生のメドがついてからでも遅くはない』と主張して、反対した。それでも安倍首相が参拝に踏み切ると、対外的に不満を口にすることはなかった」(『官房長官 側近の政治学』)

靖国参拝は安倍の念願だった。安倍が菅を内閣の要の存在としていかに頼りにしているかがうかがえる局面だったように思う。

さらに、安倍の「盟友」としてつとに知られる衛藤晟一《えとうせいいち》首相補佐官が一四年二月、「首相の靖国神社参拝に米国は失望したと表明したが、そういう米国に我々が失望した。米国はちゃんと中国にものがいえないようになっている」という趣旨のことを動画サイトを使い発言した。菅はすぐに不快感を露にし、衛藤に発言を撤回させた。菅の胆力は誰にも引けをとらないかのように見える。

菅の眼は霞が関の官僚たちにも向けられる。

菅は一二年に著した『政治家の覚悟　官僚を動かせ』のなかで、師・梶山が、常々「官僚は説明の天才であるから、政治家はすぐに丸め込まれる。おまえには、俺が学者、経済人、マスコミを紹介してやる。その人たちの意見を聞いたうえで、官僚の説明を聞き、自分で判断できるようにしろ」と言っていたと語り、「政治家が官僚とあい対峙した時、政治家の能力が問われます」とした上で、このように持論を説く。

「政治家は政策決定に際して、官僚から過去の経緯や知見、現状について説明を受けます。そのときに気をつけなければならないのは、自身の信念と国民の声をいかに反映させるかということです。

官僚はしばしば説明の中に自分たちの希望を忍び込ませるため、政治家は政策の方向性が正しいかどうかを見抜く力が必要です。

官僚は本能的に政治家を注意深く観察し、信頼できるかどうかを観ています。政治家が自ら指示したことについて責任回避するようでは、官僚はやる気を失くし、機能しなくなります。

責任は政治家が全て負うという姿勢を強く示すことが重要なのです。それによって官僚からの信頼を得て、仕事を前に進めることができるのです」

「政治とカネ」を甘く見てはいけない

一方、その官僚の一人で梶山が通産大臣当時（一九八九年）、経産省地域経済産業審議官で梶山の秘書官だった今井康夫は、梶山がこう言い残していたという。

「官僚の諸君は『過ちなきをもって貴しとなす』ということでいいのかもしれな

い。しかし、政治家は、自分の信念に従って正しいと思ったことは勇断を持ってやる。もし十のことをなして、三の失敗をしたとしても、七マイナス三＝四であって、差し引き四の善をなしたことになる。政治家が過ちを怖がっているようだったら、やめた方がいい。私もそうなったら身を引く」

「官僚の諸君は、ひたすら百点満点を目指してきた諸君だが、政治家は、五十点でなければならない。百点の人は、零点の人を切り捨ててしまう。零点の人は、百点の人の権威を認めない。五十点の人間だったら、百点の人の能力を使いながら、零点の人の痛みも分かるわけだ」（『追悼　梶山静六』）

その梶山が仕えた田中角栄が、池田勇人内閣で大蔵大臣に就いた六二年、大蔵官僚らを前に「できることはやる。できないことはやらない。しかし、すべての責任をこのワシが負う。以上！」と述べたスピーチはつとに知られる。

菅は官僚の深層心理を巧みに突いた操作術を諄々と説くが、最後は「責任は俺が持つ」という点で角栄に通じる覚悟があるように思う。

小渕優子の「政治とカネ」の問題が噴出した当時、「官邸は相当慌てた」というたしかな説もある。「政治とカネ」の問題は優子だけでなく、法務大臣・松島みどり、防衛大臣・江渡聡徳、環境大臣・望月義夫などに地続きのように噴き出し、国会はその問題を巡る与野党の攻防に埋め尽くされた観があった。「政治とカネ」の問題を甘くみてはならないことは、誰よりも安倍自身が知悉していたはずだ。

事務所費問題で辞任した赤城元農水大臣についてはすでに触れたが、その赤城は、安倍の祖父・岸信介の内閣で六〇年安保当時、防衛庁長官を務めた宗徳を祖父に持つ。その縁もあってか、安倍は赤城をかばい続け、更迭処分にしたのは約一ヵ月後の参院選で自民党が惨敗した後だった。そして、安倍は九月に辞任する。当時、塩崎恭久《しおざきやすひさ》官房長官ら安倍の「お友達内閣」の面々が、「もし思いつめて万一のことがあったら……」と赤城の身を案じるのに対し、菅はめずらしく、「もう、（赤城は）どうなってもいいんじゃないか」と一人気色ばんでいたという。

じつは菅も「政治とカネ」の問題があった。菅が総務大臣だった〇七年のことで、拙稿「菅義偉が『不正事務所費2000万円』」が『週刊現代』（二〇〇七年九月八日号）に載った。

当時、菅は横浜市南区に一戸建ての事務所を保有し、そこに自民党神奈川県第二選挙区支部と政治団体・菅義偉後援会を置いていた。通常、政治資金報告書でいう事務所費に計上される金額は家賃・駐車場代が大半を占める。菅の事務所の場合、その家賃は月約三〇万円。ところが二〇〇三年から三年間の収支報告書によると、神奈川県第二選挙区支部と菅後援会の事務所費の合計は〇三年約二一〇〇万円、〇四年約一六〇〇万円、〇五年約一九〇〇万円と、家賃の数倍の事務所費を計上。つまり、年約一〇〇〇万円〜一五〇〇万円の事務所費の使途が不透明というものだった。

この疑惑が浮上した当時、永田町界隈から、「赤城大臣の『政治とカネ』の問題で追い込まれた安倍は、菅を官房長官に据え再起を図る考えだったがその目論見は崩れた」という声が聞かれた。後に菅は、「領収書は揃っていたが、組織活動費などの項目に計上すべきものを事務所費に計上してしまった」と釈明している。

優子の問題での官邸の対応はたしかに素早かった。ある政治部記者は、「小渕は逃れられないが、松島まで辞任させるほどの問題だったのかは疑問。二人同時に辞任させることで一挙に『政治とカネ』の問題にフタをしようとした」、また別の記者は、「政局の焦点を総選挙にすり替え、小渕の『政治とカネ』の問題をすっ飛ばした」と語る。

菅は総選挙後の年が明けた二〇一五年一月、こう語っている。

「(小渕優子の金庫番）折田さんのしたことは、許されることではないが、一般にそんなに悪質なことをやっていたんでしょうか。旧経世会（現平成研）の政治資金にもあったことだが、実際は収入がないのに、あるかのように架空の計上をした政治資金収支報告書を作っていた。見せかけだ。それと同じようなことを、性懲りもなくやっていたということではないですか」

その後一五年九月一四日、優子の政治資金を巡り、政治資金規正法違反（虚偽記載など）の罪に問われた元秘書で前中之条町長の折田、元秘書・加辺《かべ》守喜《もりよし》（六二歳）の二人に対する初公判が行われ、二人は「間違いありません」と起訴内容を認めた。このなかで検察側は、「虚偽記載や不記載の総額は約三億二〇〇〇万円と多額で重大」と指摘。

被告人質問で折田は、国会議員の事務所費が問題化した〇七年頃、収支のズレに危機感をつのらせ、辻褄を合わせるための一連の資金操作を「私一人で考えた」と述べる一方、裏金作りは否定した。一方、加辺は、「政治家は集金力が力のバロメーター。見栄を張った」、さらに収支報告書を見せたのかと問われると加辺は、「表紙を見せる程度。（秘書として）長い間携わっていたので、（優子は）安心していたと思う」と述べた。

しかし何よりも問題なのは依然、最高責任者の優子がおおやけの場に顔を出してなぜ、こうなったのかをキチンと釈明しなかったことだった。

東京地裁は二〇一五年一〇月九日、「政治資金に対する国民の監視と批判の機会をないがしろにする悪質な犯行だ」として折田に禁錮二年（執行猶予三年）、加辺に禁錮一年（同三年）の判決を言い渡した。

その判決を待っていたかのようにして優子がようやく顔をあらわしたのは半月後の同月二〇日。一四年一〇月に経産大臣を辞任して以来のことだった。しかし、群馬・前橋の会見場に立った優子は、虚偽記載の原因となった一億円の簿外支出の内容について「資料がなく調査に限界がある」、さらに記者から今後も調査するかと問われると、「現段階ではするつもりはない」と述べた。しかも、議員辞職はしない意向だとし、ただ開き直りに終始したとしか言いようがない会見だった。

不慮の死を遂げた小渕恵三の遺志を継ぐも、何のために政治家になったのかという自分の言葉を持たない、典型的な二世議員の見苦しい姿がそこにあった。秘書にすべてを押しつけて終わらせるのはバッジを付けた者としても、してはならない選択ではないか。

翁長の変節の理由

「一九年前、当時の橋本総理とモンデール駐日大使の日米政府の間で米軍普天間飛行場の全面返還で合意。その三年後に名護市辺野古への基地移設が決まったんです。辺野古は基地移転というより新基地建設ですよね。ところが翁長《おなが》知事は、『米軍が戦後、沖縄に入ってきたことが問題の原点だ』と言って譲らない」

二〇一五年一〇月初旬、菅は興奮気味だった。

菅と翁長雄志沖縄県知事は一五年八月から一ヵ月間、普天間飛行場の辺野古移設関連工事を一時中断し、辺野古移設を巡り五回にわたる集中協議を行ったが、互いの接点は見出せず物別れに終わった。

翁長知事は「沖縄県が自ら基地を提供したことはない。銃剣とブルドーザーで強制収容された」と述べ、そこに問題の原点があると強調。その延長線としての辺野古移設は承服できないというのだ。

これに対し菅は、「この一九年間、普天間の危険性除去や基地機能削減のために努力してきた。今まで、合意のつど積み上げてきた承認印は何だったのですか。日本は法治国家です。辺野古移設も、一旦行政判断したことを覆すのは難しい。しかも、翁長さんは日米（安保）同盟に賛成なのですから」と、問題の原点は一九年前にあると強調。菅は集中協議のなかで、「一九九六年、橋本総理とモンデール大使が普天間飛行場返還で合意した際、官房長官・梶山静六が『とにかく普天間の危険除去を実現しなければならない』と言い残していた」という逸話を披瀝《ひれき》する。

安保条約は、米国が日本を防衛する義務を負い、一方で米国が日本の基地を使うことができる基地許与《きょよ》が日本に課せられている。ところが、翁長知事は辺野古移設ではなく「県外移設」を求め根幹の安保には異を唱えないという相克。しかも、辺野古移設を七〇年前の米軍による強制収容にまで遡って同時に論じようとする翁長の言い分には無理があるのではないだろうか。

もちろん、戦争末期の最後の激戦地となった沖縄戦、占領統治下で沖縄が被った屈辱、さらに本土から切り離され復帰するまでの戦後二七年間、そして復帰後も続く沖縄への基地集中——その歴史から目を背けるわけではない。

翁長の父・助静は真和志村（現那覇市）村長、後の真和志市長、兄・助裕は元沖縄県副知事・同県議だった。

糸満市南部の「ひめゆりの塔」の先の海岸側に、戦後真和志村民が沖縄戦で犠牲になった多数の住民・軍人・米兵らの遺骨を集め供養するために建てられた「魂魄《こんぱく》の塔」がある。七五年には皇太子夫妻が、初めての沖縄訪問でこの慰霊塔を訪ね花束を手向けている。

その碑を命名したのが翁長助静村長だ。その息子の翁長知事が、銃剣とブルドーザーで統治下に置かれた沖縄の苦難の歴史を原点として見据えようとするのも肯ける。しかし、その翁長は自民党沖縄県連のリーダーとして幹事長を務めていた九九年、県議会で「早期県内移設」を求める決議を可決に導き、県内移設を中心になって推し進めていた。翁長は九九年一〇月の沖縄県議会でこう述べている。

「私たちが何ゆえにこの県内移設を早期にやらなきゃならぬかという見地に立ったのは、県全体の立場に立っての危険性の軽減であります。（中略）二年前に行われました猛烈な反対運動というものに対してどの場所であれ、そういう方々に真剣に話をし、そして県全体の立場からこの現実の国際情勢も踏まえた上で県全体の基地の整理縮小というものを訴えていけば必ず御理解が得られると」

その翁長が、〇九年を転機に「県外移設」に変わった。変節、あるいは転向と言われても仕方がない立場に豹変したのは、いったいいかなる理由によるものなのか。もし、「本土」対「沖縄」という対立の構図に国民の目を引きつけ、一部にある本土への基地移設議論の場に持ち込もうとしているのだとしたら、それはあまりに短兵急に過ぎるのではないだろうか。

翁長を巡り前沖縄県知事・仲井眞弘多は次のように発言しているが、妙に説得力があるように思う。

「（県内移設で）ただ反対するのは市民運動ですよ。知事が市民運動のリーダーシップをとるのは行政の責任を放棄したのと同じ。政府とどこかで折り合うつもりがあるなら別だが、ないとすればどこまでいっても何のプラスもない」

「県民からみて最も望ましいのは県外移設だ。私もずっと追求してきた。しかし実現性が高く、最も早く普天間基地の危険性を除けるのはやはり辺野古だ。米軍が絡む事件・事故を限りなくゼロにする。日米地位協定を変えていく。こういうことをしっかりやってもらえば、県内も落ち着いてくると思う」

「（翁長が立候補した二〇〇〇年の）那覇市長選は頑張って応援した。それを裏切っ

て向こうに行った。政敵とは言わないけど、考え方が違う」（「日本経済新聞」一五年一〇月三一日付）

権力とはいったい何か

一方、辺野古移設を一歩も譲らない菅は一五年一〇月二九日、辺野古の埋め立て本体工事に着手するのと同時に米領グアムを訪問し、沖縄県に駐留する米海兵隊の移転先を視察。計画では、米本土・ハワイなどに約五〇〇〇人、グアムに約四〇〇〇人の計約九〇〇〇人が二〇二〇年代前半に移転を開始し、残留は約一万人になり沖縄の基地負担削減を目指すという。菅はグアムから帰国後、こう語った。

「二〇年かかっているんです。普天間飛行場の辺野古移設を巡り歴代政府は沖縄の声に耳を傾けてきた。だから二〇年もかかった。いったん工事を中断し、この八、九月、翁長さんと五回集中協議をしたのもその延長線の一環だった。もう、勝負する時でしょう。評論家じゃないんですから、政治家は」

菅は事を為そうとする時、自身を鼓舞《こぶ》するように「勝負」という言葉を使う。普天間飛行場の辺野古移設問題は、三年後の一八年九月までの安倍政権任期中の早い時期に決着をつける気構えが、菅からうかがえた。

梶山は武闘派とも評された実力者だったが、菅は今の時代に見る影もなくなった、「最後の武闘派」なのかもしれない。

政治家・菅義偉の人生を一言で言うなら、権力とはいったい何か、を追い求めてきたことではなかったか。

第三次安倍改造内閣の発足を前にした総裁選で宏池会、二階派、額賀派など各派は競うように「安倍続投」を支持し結局、対立候補の擁立はなかった。繰り返しになるが、総裁選の権力闘争がなく無風で過ぎることは自民党にとっては言うまでもなく、ひいては国民にとっても不幸なことではないか。

菅は一五年一〇月上旬、こう語った。

「誤解を生むから言いにくいが、自民党は安保に臆病で正面から議論をしてこなかった。議論をすると支持率が下がる。そこを怖れたんです。これまでの総裁選の多くは、支持率が下がることをもって足の引っ張り合いをした。だから、支持率の下がることがわかって手をつけようとしなかった。支持率が下がったからといって、もう足の引っ張り合いはやめるべきだ。しかも、今回の安保法制は閣議で決め、国会も通ったことですよ。(先の総裁選の)争点になりようがないじゃないですか」

一五年一〇月下旬、重ねて「自民党はこのままでいいのか」と質すと、菅は言った。

「(安倍政権は)あと三年あるから」

菅は一八年までの間に、次期総裁選に向け新たな権力闘争が蠢動《しゅんどう》することを予感しているかのようだった。

あとがき

　朝と晩、ＪＲ奥羽本線・湯沢駅の乗降客の大半は通学の高校生たちだ。薄暗くなると、何人かの女子高生は迎えに来た母親が運転する軽自動車に乗り込み、同級生と、

「じゃあね」

「宿題忘れんようにね」

　と言葉を交わして手を振り、駅を後にする。片田舎の駅前の夕暮れ時にどこでも見られる光景である。

　その駅前から歩いて一〇分とかからない所に小さな飲み屋があった。目のクリッとした女将が一人で切り盛りし、午後四時頃から暖簾《のれん》が出ている。一階はカウンタ

ーに五席ほど、畳敷きのテーブル席が二つほどのこぢんまりとした店で、そこには早くから工事現場などで働く作業服姿の年輩の男らが腰をおろしていた。夜になると女将の母親が手伝いに来るが、手作りの肴はどれもめっぽううまい。

私は、菅義偉官房長官の人となりの取材で湯沢市に着くと駅近くのビジネスホテルに投宿した後は、夏の暑い盛りや大雪で列車が遅れる真冬でも必ずといっていいほどここの暖簾をくぐった。何より地元の訛った言葉に耳をそばだてていることが心地好く、遠い地へ来た自分への慰めにもなった。彼らは酔いが回るにつれ、誰彼となく私に話しかけてきた。

「何の仕事をやってるんだが」

「いや、ちょっと物を書いていて……」

「物を書くって『さきがけ』（秋田魁新報）の記者か。それとも小説を書いているのが？」

「いや、新聞記者じゃないですが、菅さんの郷里のことを知りたくて」

「菅さんて、あの官房長官の菅さんか」

「はい」

「じゃじゃ。でも、菅さんは湯沢の高校出てから東京に行ったから、誰も詳しいことはわからないべえ。俺も一時、東京さ働きに行っていたけどな」

すると、周りから「俺も若い頃は行ってだ」「俺もだ。うっひゃひゃ」という声が上がる。彼らは集団就職か、出稼ぎで東京に働きに出ていったようだった。そして女将からは私に、「遠くから来た人なんだね」とも。

「菅さんの郷里・秋ノ宮はどんなところですか」

「どんなところも何も春は山に山菜を採りに行けるけど、冬になるとはんぱじゃなく雪の積もるところだ。この間の冬の晩なんか、車のフロントガラスから雪で前が見えなくて吹き溜まりにドーンと突っ込んで、いやいや、往生したさ」

こんな地元の話で夜が更けていった。

夏の日のことだった。私は、戦時中、雄勝郡に満州開拓団があったこと、その開拓団はソ連の侵攻により多くの人々が集団自決などや、逃避行の際にかかった伝染病の発疹チフスで亡くなっている歴史があったことを知っていますか、と持ちかけてみた。返ってきた言葉はこうだ。

「いや、知らない。学校でもそんなことを教えてもらった記憶がない。県も満州開拓団の歴史をおおやけにしていないもんな。いやあ、そんなことがあったなんて驚いた」

彼らは皆、朝早くから働きに出る心優しい人たちだった。菅の半生の取材は紆余曲折しながらも、こんな市井の人々の日常との触れ合いに助けられながら進んだ。

自省を込めて言うが、満州にしても沖縄にしても、われわれはその歴史にあまりに目を向けずにきたのではないだろうか。

西ドイツのヴァイツゼッカー大統領は八五年の演説でこう謳っている。

「問題は過去を克服することではありません。さようなことができるわけはありません。後になって過去を変えたり、起こらなかったことにするわけにはいきません。しかし過去に目を閉ざす者は結局のところ現在にも盲目となります。非人間的な行為を心に刻もうとしない者は、またそうした危険に陥りやすいのです」（『ヴァイツゼッカー大統領演説集』)

――私は、湯沢市の舗道を歩きながら、この言葉に思いをめぐらせていた。

二〇一五年一二月

松田賢弥

参考文献

書籍

朝日新聞政治部取材班『安倍政権の裏の顔「攻防 集団的自衛権」ドキュメント』(講談社、二〇一五年)
安倍晋三・岡崎久彦『この国を守る決意』(扶桑社、二〇〇四年)
新崎盛暉『沖縄現代史 新版』(岩波新書、二〇〇五年)
五百旗頭真・伊藤元重・薬師寺克行編『小沢一郎 政権奪取論』(朝日新聞社、二〇〇六年)
五十嵐暁郎・新潟日報報道部『田中角栄、ロンググッドバイ』(潮出版社、一九九五年)
井出孫六『満蒙の権益と開拓団の悲劇』(岩波ブックレット、一九九三年)
井出孫六『終わりなき旅「中国残留孤児」の歴史と現在』(岩波現代文庫、二〇〇四年)
伊藤正『二〇〇七・一〇湯沢市文化財保護協会学習会講演 満州開拓団雄勝郷の最後』(二〇〇七年)
伊藤正編『満州開拓団雄勝郷の最後 読者の声』(二〇〇七年)
伊藤正編著『満州開拓団雄勝郷の最後』(二〇〇七年)
大下英治『内閣官房長官秘録』(イースト新書、二〇一四年)
奥村泰宏・常盤とよ子『戦後50年 横浜再現 二人で写した敗戦ストーリー』(平凡社、一九九六年)
小沢一郎『語る』(文藝春秋、一九九六年)
小田甫『小沢一郎・全人像』(行研出版局、一九九二年)

翁長雄志・寺島実郎・佐藤優・山口昇『沖縄と本土』（朝日新聞出版、二〇一五年）
海竜社編集部編『軌跡　安倍晋三語録』（海竜社、二〇一三年）
柿﨑明二『検証　安倍イズム―胎動する新国家主義』（岩波新書、二〇一五年）
梶山静六『破壊と創造　日本再興への提言』（講談社、二〇〇〇年）
加瀬和俊『集団就職の時代　高度成長のにない手たち（ＡＯＫＩ　ＬＩＢＲＡＲＹ　日本の歴史）』（青木書店、一九九七年）
岸信介『岸信介回顧録―保守合同と安保改定―』（廣済堂、一九八三年）
栗原俊雄『シベリア抑留―未完の悲劇』（岩波新書、二〇〇九年）
合田一道『検証・満州一九四五年夏　満蒙開拓団の終焉』（扶桑社、二〇〇〇年）
合田一道『開拓団壊滅す「北満農民救済記録」から』（北海道新聞社、一九九一年）
後藤和雄『秋田県満州開拓外史』（無明舎出版、二〇一〇年）
後藤蔵人『満州　修羅の群れ　満蒙開拓団難民の記録』（太平出版社、一九七三年）
坂本龍彦『満州難民祖国はありや』（同時代ライブラリー　２２２）』（岩波書店、一九九五年）
坂本龍彦『集団自決　棄てられた満州開拓民』（岩波書店、二〇〇〇年）
櫻澤誠『沖縄現代史　米国統治、本土復帰から「オール沖縄」まで』（中公新書、二〇一五年）
佐藤寛子『佐藤寛子の宰相夫人秘録』（朝日文庫、一九八五年）
澤地久枝『もうひとつの満洲』（文藝春秋、一九八二年）
自由民主党編『自由民主党党史』（自由民主党、一九八七年）
自由民主党編『自由民主党党史　証言・写真編』（自由民主党、一九八七年）

志田行男『シベリア抑留を問う』(勁草書房、一九八七年)
信濃毎日新聞社編集局編『平和のかけはし　長野県開拓団の記録と願い』(信濃毎日新聞社、一九六八年)
進藤孝三『満洲由利郷開拓誌』(満洲由利郷開拓誌刊行会、一九五二年)
菅義偉『政治家の覚悟　官僚を動かせ』(文藝春秋企画出版部、二〇一二年)
菅原幸助『旧満州　幻の国の子どもたち　歴史を生きる残留孤児　(有斐閣選書)』(有斐閣、一九八六年)
瀬島龍三『幾山河　瀬島龍三回想録』(産経新聞社、一九九六年)
高橋健男『赤い夕陽の満州にて「昭和」への旅』(文芸社、二〇〇九年)
高橋幸春『絶望の移民史　満州へ送られた「被差別部落」の記録』(毎日新聞社、一九九五年)
高見順『敗戰日記』(文藝春秋新社、一九五九年)
田口勝一郎『秋田県の百年(県民100年史　5)』(山川出版社、一九八三年)
田﨑史郎『梶山静六　死に顔に笑みをたたえて』(講談社、二〇〇四年)
田﨑史郎『安倍官邸の正体』(講談社現代新書、二〇一四年)
田中角栄他『私の履歴書　保守政権の担い手』(日本経済新聞出版社、二〇〇七年)
角田房子『墓標なき八万の死者　満蒙開拓団の壊滅』(中公文庫、一九七六年)
豊下楢彦・古関彰一『集団的自衛権と安全保障』(岩波新書、二〇一四年)
中村雪子『麻山事件　満洲の野に婦女子四百余名自決す』(草思社、一九八三年)
ヴァイツゼッカー『ヴァイツゼッカー大統領演説集』(永井清彦編訳、岩波書店、一九九五年)

原彬久『岸信介証言録』(毎日新聞社、二〇〇三年)
半藤一利『ソ連が満洲に侵攻した夏』(文春文庫、二〇〇二年)
別冊宝島編集部編『田中角栄100の言葉』(宝島社、二〇一五年)
星浩『官房長官　側近の政治学』(朝日選書921)』(朝日新聞出版、二〇一四年)
松下竜一『狼煙を見よ　東アジア反日武装戦線〝狼〟部隊』(河出書房新社、一九八七年)
松田賢弥『闇将軍　野中広務と小沢一郎の正体』(講談社+α文庫、二〇〇五年)
松田賢弥『逆臣　青木幹雄』(講談社、二〇〇八年)
松田賢弥『小沢一郎　淋しき家族の肖像』(文藝春秋、二〇一三年)
松田賢弥『絶頂の一族　プリンス・安倍晋三と六人の「ファミリー」』(講談社+α文庫、二〇一五年)
満洲開拓史刊行会編『満洲開拓史』(満洲開拓史刊行会、一九六六年)
満蒙同胞援護会編『満蒙終戦史』(河出書房新社、一九六二年)
道浦母都子『道浦母都子歌集　無援の抒情〈新装版〉』(ながらみ書房、二〇一五年)
三留理男『満洲棄民　孤児たちの〝戦後〟いまだ終らず(日本への遠い道)』(東京書籍、一九八八年)
山内六助『第八次密占河秋田開拓団の記録』(一九八一年・非売品)
読売新聞社会部編『心のふるさと　あゝ上野駅　ありがとう、18番ホーム』(東洋書院、二〇〇〇年)
涌井徹『農業は有望ビジネスである!　新たな高付加価値産業になる時代』(東洋経済新報社、二〇〇七年)

『追悼　小此木彦三郎』（「追悼　小此木彦三郎」刊行委員会、一九九二年）

雑誌・新聞

大家清二「政界の直言居士　梶山静六の〝遺言〟」（『週刊朝日』二〇〇〇年六月二三日号）
梶山静六「いまこそ金融システムの大改革を　わが救国宣言」（『文藝春秋』一九九八年一〇月号）
梶山静六「わが日本経済再生のシナリオ」（『週刊文春』一九九七年一二月四日号）
梶山静六「梶山静六すべてに答える『10兆円新型国債』は第一歩にすぎない」（『週刊文春』一九九七年一二月二五日号）
高村正彦・北側一雄「『集団的自衛権』永田町の攻防」（『WiLL』二〇一四年一〇月号）
山崎柊「安倍政権の屋台骨を支える男　菅義偉官房長官『政権の黒幕』研究」（『文藝春秋』二〇一三年七月号）
後藤謙次「菅義偉『鳥の眼』と『虫の目』を併せ持つ安倍政権の軍師」（『文藝春秋SPECIAL』二〇一三年季刊冬号）
菅義偉「世襲制限の断行が日本の未来をひらく」（『新潮45』二〇〇九年七月号）
菅義偉「『世襲』を許せば自民党は死ぬ」（『文藝春秋』二〇〇九年七月号）
豊田正義「根性を忘れた日本人へ　世襲禁止を目指す〝反骨漢〟衆議院議員・菅義偉」（『新潮45』二〇〇九年五月号）
安倍晋三「日米安保に賭けた祖父・岸信介の思い」（『新潮45』二〇一〇年六月号）
松田賢弥「小沢一郎　妻からの『離縁状』」（『週刊文春』二〇一二年六月二一日号）

松田賢弥「第2の野中広務　安倍官邸を牛耳る男　菅義偉官房長官かく語りき」（『週刊現代』二〇一三年一二月七日号）
山岡淳一郎「現代の肖像　菅義偉内閣官房長官」（『AERA』二〇一三年一〇月二八日号）
柿﨑明二「自民総裁選　意志なき政治は漂流する」（『世界』二〇一五年一一月号）
秋田魁新報「語られなかった悲劇　満州開拓団雄勝郷　集団自決の残像1～6」（二〇〇七年八月一五日～同二〇日付）
秋田魁新報「開拓で生きる　上下　ある引き揚げ」（二〇一一年八月一七日～同一八日付）

その他、各紙誌を適宜参照した。

本書は二〇一六年一月に刊行された講談社＋α文庫『影の権力者　内閣官房長官菅義偉』を講談社文庫版として改題、新装刊するものです。本文中の年齢、肩書、地名などは執筆当時のものです。

ＪＡＳＲＡＣ出　２００７５４８-００１（67ページ）

|著者|松田賢弥　1954年、岩手県北上市生まれ。業界紙記者を経てジャーナリストとなり、『週刊現代』『週刊文春』『文藝春秋』などを中心に執筆活動を行う。政界に関するスクープ記事が多く、小沢一郎衆院議員については20年以上取材を続け、「陸山会事件」追及の先鞭を付けた。妻・和子氏から小沢氏への「離縁状」をスクープしたことで、第19回「編集者が選ぶ雑誌ジャーナリズム賞」大賞を受賞。
主な著書に『絶頂の一族　プリンス・安倍晋三と六人の「ファミリー」』『小沢一郎　淋しき家族の肖像』（ともに講談社＋α文庫）などがある。

したたか　総理大臣《そうりだいじん》・菅義偉《すがよしひで》の野望《やぼう》と人生《じんせい》
松田賢弥《まつだけんや》

2020年９月28日第１刷発行
2020年10月29日第４刷発行

発行者――渡瀬昌彦
発行所――株式会社　講談社
東京都文京区音羽2-12-21　〒112-8001
電話　出版（03）5395-3522
　　　販売（03）5395-5817
　　　業務（03）5395-3615

Printed in Japan

講談社文庫
定価はカバーに表示してあります

デザイン―菊地信義
製版――凸版印刷株式会社
印刷――凸版印刷株式会社
製本――株式会社国宝社

ISBN978-4-06-521792-4

講談社文庫刊行の辞

二十一世紀の到来を目睫に望みながら、われわれはいま、人類史上かつて例を見ない巨大な転換期をむかえようとしている。

世界も、日本も、激動の予兆に対する期待とおののきを内に蔵して、未知の時代に歩み入ろうとしている。このときにあたり、創業の人野間清治の「ナショナル・エデュケイター」への志を現代に甦らせようと意図して、われわれはここに古今の文芸作品はいうまでもなく、ひろく人文・社会・自然の諸科学から東西の名著を網羅する、新しい綜合文庫の発刊を決意した。

激動の転換期はまた断絶の時代である。われわれは戦後二十五年間の出版文化のありかたへの深い反省をこめて、この断絶の時代にあえて人間的な持続を求めようとする。いたずらに浮薄な商業主義のあだ花を追い求めることなく、長期にわたって良書に生命をあたえようとつとめるところにしか、今後の出版文化の真の繁栄はあり得ないと信じるからである。

同時にわれわれはこの綜合文庫の刊行を通じて、人文・社会・自然の諸科学が、結局人間の学にほかならないことを立証しようと願っている。かつて知識とは、「汝自身を知る」ことにつきていた。現代社会の瑣末な情報の氾濫のなかから、力強い知識の源泉を掘り起し、技術文明のただなかに、生きた人間の姿を復活させること。それこそわれわれの切なる希求である。

われわれは権威に盲従せず、俗流に媚びることなく、渾然一体となって日本の「草の根」をかたちづくる若く新しい世代の人々に、心をこめてこの新しい綜合文庫をおくり届けたい。それは知識の泉であるとともに感受性のふるさとであり、もっとも有機的に組織され、社会に開かれた万人のための大学をめざしている。大方の支援と協力を衷心より切望してやまない。

一九七一年七月

野間省一